涌动生命活力

"为理解"的初中历史与社会课堂

薛 艳 ◎ 著

华东师范大学出版社
·上海·

图书在版编目(CIP)数据

涌动生命活力:"为理解"的初中历史与社会课堂/薛艳著.—上海:华东师范大学出版社,2021
ISBN 978-7-5760-1569-0

Ⅰ.①涌… Ⅱ.①薛… Ⅲ.①中学历史课-教学研究-初中 Ⅳ.①G633.512

中国版本图书馆 CIP 数据核字(2021)第 081550 号

涌动生命活力:"为理解"的初中历史与社会课堂

著　　者	薛　艳
责任编辑	彭呈军
特约审读	桂肖珍
责任校对	郭　华　时东明
装帧设计	卢晓红

出版发行	华东师范大学出版社
社　　址	上海市中山北路 3663 号　邮编 200062
网　　址	www.ecnupress.com.cn
电　　话	021-60821666　行政传真 021-62572105
客服电话	021-62865537　门市(邮购)电话 021-62869887
地　　址	上海市中山北路 3663 号华东师范大学校内先锋路口
网　　店	http://hdsdcbs.tmall.com

印　刷　者	常熟市文化印刷有限公司
开　　　本	787×1092　16 开
印　　　张	16
字　　　数	242 千字
版　　　次	2021 年 5 月第 1 版
印　　　次	2021 年 5 月第 1 次
书　　　号	ISBN 978-7-5760-1569-0
定　　　价	48.00 元

出 版 人　王　焰

(如发现本版图书有印订质量问题,请寄回本社客服中心调换或电话 021-62865537 联系)

目 录

前言 / 1
自序 / 3

第一章 "为理解"的教学

教学论文
1. 哈佛 TFU 培训模式焕发历史教学活力 / 5
2. 课堂教学怎样有吸引力 / 28

教学案例
1. 让"评价标准"成为教学工具 / 41
2. 由学生反馈想到 / 45
3. 创意·激活·挖掘·关注——从造纸术的调整看怎么"用"历史新教材 / 48
4. 怎么使用历史教材的图片 / 52

第二章 后"茶馆式"教学

教学论文
3. 后"茶馆式"教学的设计及阐释 / 63
4. 巧设问题·把握证据·提升价值——初中制度类历史课 / 87

5. 初中历史学科的多样作业 / 92

6. 多样方式激活案例内涵 / 109

7. 巧设问题，凸显案例的教学价值——浅谈初中社会学科案例分析课的设计 / 114

8. 学生认知凸显案例"育人价值"——基于"个人利益与社会道义"一课分析 / 120

教学案例

5. 备课改进带来的效益——从"甲午战争"一课说起 / 125

6. 多样化的历史课堂 / 130

7. 课堂能给学生什么 / 134

8. 从"案例"走向"生活"——《社会》学科的生命教育 / 137

第三章　"云课堂"的教学

教学论文

9. 云端漫步的实践与反思 / 146

教学案例

9. 基于 Aiclass 的教学设计 / 156

第四章　超越课堂的人文探索

教学论文

10. 提升传统文化符号的育人价值——从一门微型人文课程说起 / 166

11. 从考察探究"荣宅"说起 / 171

12. 初探"乡土历史"的综合实践课程 / 174

教学案例

10. 上海市中小学专题教育网络课程"泥与火的艺术"(初中) / 192
11. 专题网络课程"城市记忆——跨越百年的上海建筑"方案 / 238

前言

薛艳老师的专著《涌动生命活力:"为理解"的初中历史与社会课堂》即将出版,嘱我写序,我欣然应允。

写序,对我而言是一种学习。面对新时代教育的挑战,学习如何聚焦课堂教学,提升实践智慧,如何自觉地在教育实践中锻炼成长的经验,是每一位教师需要思考的问题。本书前三章为:"为理解"的教学、后"茶馆式"教学、"云课堂"的教学,从中能够领略其把教学理论的普遍性与感觉经验的特殊性有机结合,对具体教学情境和教学行为做理性分析,为学生创设富有磁力的教学情境,重视学生的多元化学习需求,凸显了一位基层教师对中学历史课堂独到的见解,折射出其对中学历史教育的孜孜以求。

"为理解"的教学主张教师的教学活动应是为了理解的教与学,对知识的深度理解不仅仅是熟知学科知识点,真正的理解是对知识产生过程的了解。作者认为,历史教学应把学生当作主动参与知识获得过程的人,关注学生获取知识的过程,强调通过理解得出历史结论的过程比知道历史结论本身更具教育的意义,所以在历史教学中应重视学科核心素养的培育,引导学生在收集、整理、比较、筛选、分析、归纳、运用史料的过程中,掌握结构化的史实、概念,懂得基本的历史研习的史学思想方法。

后"茶馆式"教学要求教师的教学设计要有"学生不按教师预设的方向走"的心理准备,预设的问题需要考虑学生会有多少种相异构想,准备如何解决,这是对教师的教学理论素养、学科专业素养和临场教育机智等提出的挑战。教学设计不仅要依据教材,更要依据学生的实际学习过程,这需要教师把更多的目光聚焦在学生的认知基础上,将学生的发展作为教育教学的出发点和终极目标。

"云课堂"的教学强调的是如何将信息技术手段与教师教学高度融合,把教育智慧赋予信息科技,使用云智慧平台,采集、呈现和应用教育数据,打破时间空间限制,实现课堂乃至课堂外的个性化教学、个别化辅导。信息技术深度融入课程和教学是时代趋势和挑战,也是推动教师课堂教育理念与路径转型的重要方向。

历史教育在育人领域具有不可替代的功能，但是历史学科固有的过去性、客观性、复杂性和意识性的特点，决定了它与中学生的生活情趣、生活经验等有很大的距离。这就需要教师创设合适情景，拉近历史与现实的距离，帮助学生体悟优秀文化的内涵。本书第四章"超越课堂的人文探索"，薛老师展示了她开发的人文类课程"泥与火的艺术"。让学生走近陶瓷，感悟中国博大精深的陶瓷艺术，是对上述思考的实践诠释。静教院附校的趣谱（trip）课程以跨学科、主题探究的学习方式提升学生的综合实践能力，薛老师基于上海的传统民居、外滩建筑、老公寓、洋房和教堂等物化的记忆，开发"城市与建筑"等课程，融静安区陕西北路、南京西路、静安寺一带遍布的老洋房、名人故居等，引领学生关注身边，使历史"贴近学生生活、贴近社会"，拓展了学习空间，活化了历史意蕴。

随着统编中学历史课程的全面推开和学科育人内涵的不断深化，中学历史教学改革必将进一步深化。期待在不远的将来，薛老师会奉献出更多关于历史教育思考和实践的成果。

自 序

编撰收集在静教院附校十多年从教"历史"的笔耕成果,有欣慰和感慨,在"人人成为明师"的附校文化熏染中,不断寻求课堂的活力源泉。

2007年,静安区教育局与美国哈佛大学教育研究生院合作,引进其开发并实施的WIDE World(全球教育工作者职业培训课程)中的"为理解的教学"教师专业培训课程,恰好调入静教院附校的我参与并带领校团队成员完成了一、二期培训,通过网络领略了世界知名高校的教育理念与教学方法,把"为理解的教学"带进课堂,于是有了行动后的论文成果、反思案例。

2010年"后'茶馆式'教学"荣获教育部基础教育课程改革教学研究成果一等奖;2013年学校成功申报了教育部重点课题"后'茶馆式'教学的发展研究",并于2014年获得国家级教学成果一等奖。我也参与附校以课题引领,以科研为先导,聚焦课堂,研究教学的每个环节行动中,不断探索切实提高教学有效性的策略和方式,提炼可操作的微技术、微方法,深化"后'茶馆式'"教学发展研究、基于智慧云平台的研究、数字教材项目等,从而实现历史教学课堂转型,在《上海教学研究》《上海教育》《上海课程教学研究》《现代教学》以及全国中文核心期刊《历史教学》等报刊、专刊上发表论文、案例数十篇。

跨学科教学能更多地为学生搭建起广阔的多侧面了解社会的平台,把书本知识与社会实际紧密结合,为学生打开一扇扇观察社会的"窗户",还结合学生的生活实际、社会热点开设系列人文课程,指导学生通过伙伴合作,自主探究,使教育成效最大化,成为课堂的延伸,比如微课"泥与火的艺术"不止步于附校课堂,成为上海市中小学专题教育网络课程,打破时间空间限制,上海市所有初中学生都可以观摩学习。参与静教院附校的趣谱(trip)课程开发,以"城市与建筑"为主线,在基础型课程中进行项目学习和主题学习,构建一门全面转变教学方式的综合实践活动课程,更加凸显课堂的实践性、探究性、跨学科和活动的多样性。

当然，由于眼界见识、知识储备、教学理念和实践本身的局限，故案例、论文、教学设计有许多值得商榷之处，但回顾可以为我思考，为我改进，以此为扶阶，更多地关注学生的实际体验和学习效果，继续探索课堂的生命活力，在前行的道路上，更上一层楼。

非常幸运有机会走入静教院附校这片沃土，有张人利校长的引领、扶持，有附校同仁的帮助，有静安区教育基金会的赞助，才有我一步步的成长，在此一并感谢，谢谢你们的鼓励、帮助。

第一章

"为理解"的教学

第一章 "为理解"的教学

"为理解的教学"也许有道不尽的方略，但首要的理解是学生，搭建引导学生深度学习的"脚手架"，即关注学生高阶思维发展和对知识的运用。"为理解的教学"(Teaching for understand)模式可以帮助学生形成并加深对重要概念的理解。历史学科核心素养是指学生在学习历史过程中逐步形成的具有历史学科特征的思维品质和关键能力，是历史知识、能力和方法、情感态度和价值观等方面的综合表现。如何帮助学生形成并加深对这些重要概念的理解，培养历史学科核心素养？以教授统编教材八年级《世界历史》第一册第二单元《古代欧洲文明》第4课《希腊城邦和亚历山大帝国》为例。该课内容主旨：西方文明之源——希腊文明，由于爱琴文明的发现，使希腊的历史可以远溯到更古的时代，成为世界五大文明发祥地之一，当时两个最重要的城邦是斯巴达和雅典，雅典开世界民主政治之先河，率先建立了较为健全的民主政治制度，在这种民主、自由的氛围中，雅典人在哲学、文学、艺术等领域取得了巨大的成就。亚历山大东征是一次掠夺性的战争，但在一定程度上又促进了东西方经济和文化交流，使东西方文化在历史上出现了第一次大规模的冲撞和交融。

初始理解活动：阅读教材整体感知文本结构，分为文明的起源、文明的发展、文明的全盛、文明的辐射，学生归纳、整理典型事例，会区分史料类型及互证价值；通过本课学习，进一步知道史料是认识历史的唯一桥梁，了解史料的多种类型，掌握搜集史料的途径与方法；能够通过对史料的辨析获取可信史料，研究古代区域文明可信度最高的是考古挖掘的实物史料，此过程中体会实证精神、意识。知道希腊文明的起源是爱琴文明，它的两个中心是克里特文明和迈锡尼文明；能通过图片和神话故事概括古希腊文明的特点，知道十九世纪德国传奇考古学家海因里希·施里曼发现的迈锡尼文明以及二十世纪英国考古学家阿瑟·埃文斯爵士发现的克里特岛的米诺斯文明都为对荷马史诗提出的大量疑问提供了解释，也为很多关于众神和英雄神话的细节提供了考古学上的证据，学生知道通过神话、传说、考古、史诗等实物史料、文献史料了解文明的多样性和差异性,从而浸染了"史料实证"意识。而文明的发展是城邦斯巴达和雅典,借助材料用对比的方式了解斯巴达和雅典两大城邦不同的特点,学生知道文化的多元性,懂得尊重包容又培养了"时空观念"。

指导下的探究活动： 在深刻体会文明的全盛伯里克利时代的雅典民主政治,借助漫画了解雅典公民的生活,知晓公民参政的一些基本常识,通过《雅典民主政治》视频等材料,了解雅典民主政治的组织形式和运行机制,其被恩格斯称为"最纯粹、最典型的国家形态",雅典民主政治激发了公民的积极性,促进了雅典经济和文化的繁荣,也存在不足和局限,比如是男性公民的民主,是小国寡民的民主,"陶片放逐法"就是一种极端民主,是奴隶主特权民主,是范围狭小的民主,十将军职位可连选连任,导致将军控制政府的局面。示范历史解释："如何看待雅典民主政治?"多视角评价(1)从当时的历史看,造就了雅典的繁荣;(2)从对后来的影响看,是现代民主政治的历史渊源,为现代民主提供历史借鉴;(3)历史的局限性,仅仅是成年男性公民的民主,而不是普遍的民主;(4)历史的局限性,存在被滥用的危险。

终极理解活动： 学生模仿解释"亚历山大东征的影响",因为多视角解释除了积极影响和消极影响,学生可以从材料了解希腊文化的东移是自亚历山大东征开始的,亚历山大东征还带来文明的辐射希腊化时代,希腊文化东方化及对欧洲发展产生深远影响。因此,历史教学是学生的一个持续的、递进的理解过程。

教学论文

1. 哈佛 TFU 培训模式焕发历史教学活力

摘要 "为理解的教学"培训课程是一个持续的、递进的理解过程,我把具体教学情境和教学行为做理性分析,将 TFU 理论的普遍性与感觉经验的特殊性有机结合,应用于实际教学,在初中历史课堂中尝试探究性学习。以人为本:从学生的兴奋点切入,营造民主、平等、宽松的学习环境,激发其探究欲望。启迪智慧:创设富有磁力的教学情境,重视学生的多元化学习需求。活动生成:留给学生自主体验的活动时间和多维互动的交流空间。持续探究:以持续性评价促进学生的思考、参与。探究既是一种学习方式,也是一种学习过程,初中历史教学探究性学习要有持续不断的新思路、新方法、新结论,需要更加关注学生的实际体验,带着 TFU 我将继续前行。

关键词 "为理解的教学"模式

我将哈佛"为理解的教学"培训课程应用于初中历史教学探究性学习,颇有心得,愿意与诸君分享。

一、初始理解活动——初步认识

参与第一单元到第二单元的培训,让我们对"为理解的教学"有了点模糊、感性的认识。"为理解的教学"与二期课改理念"做中学"很相像,即选取学生有兴趣、容易被学生接受的论题,制定三维整合的目标,围绕启发性论题进行探究,关注学生获取知识的过程,强调如何得出历史结论的过程,而不仅仅是结论本身,引导学生在收集、整理、比较、筛选、分析、归纳、运用史料的过程中,不仅掌握基本的史实、概念,还能了解历史研究的基本理论、方法和过程,即注重学习过程,进行多样化评价。

下面是摘自我的网上作业片段:

使用《反馈梯表》反馈我的培训:回想初学哈佛TFU课程时心里是有疑问的,随着对课程"理解"的加深,已经从行动中理解了培训就是TFU模式的应用,我已经感知到学习中带来的激励与憧憬,每个人的深层次认知发展需要独立思考,更需要合作交流,培训的教师之间存在着个体差异,这种差异是一种宝贵的学习资源,网络培训实现了信息社会的教育特点,即个性化、多元化,使每个人的潜能得到充分、自由的发展,真正实现"各尽所能",好的教育模式是要人去创造的。教师需要平直而有深度的理论学习,更需要有操作性的实践应用,由于时间紧迫我的学习还是有些粗略的,希望在培训中不断思想着、实践着,对具体教学情境和教学行为做理性分析,把TFU理论的普遍性与感觉经验的特殊性有机结合,修订"再版"教学设计,创造出更关注学生实际体验的"生命课堂"。

二、指导下的探究活动——行动中应用

参与第三单元到第五单元的培训,开始了以课例为载体,帮助学员用工具剖析理解教学模式的四个部分:启发性论题——理解目标——理解活动——持续性评价,递进地、系统地"修订"、"再版"教学设计。

此过程中做了许多思考与改变:(1)谈启发性论题与理解活动的相辅相成,教学设计思路不再是背景、过程、影响三个板块,而是考虑"切入点"以启发性论题的五个标准为思路网,对应理解活动的三个层次,"修订"出一节课;(2)对比新课程的三维目标与哈佛的理解目标的改变;(3)使用《评估TFU教学单元的反思指南》,教师从创设问题情境中激发学生的兴趣,容易由现实生活联系到需要理解的目标;(4)规划、挖掘我的理解活动;(5)走进课堂——由学生建议想到理解活动的标准;(6)思考持续性评价。

A. 以人为本:从学生的兴奋点切入,营造民主、平等、宽松的学习环境,激发学生

探究欲望。

案例1：设计《英国资产阶级革命》，我的设计思路不再是背景、过程、影响三个板块，而是提出启发性论题"英国为什么实行君主立宪制，你能从英国资产阶级革命中找到答案吗？"。抓住核心概念"君主立宪制"，它是理解英国资产阶级革命的原因、结果的"切入点"。

（1）导入部分"风情游"。英伦"风情游"中白金汉宫的古老马车、卫兵的古老装束，使学生从现实寻觅历史的"影子"，教师从创设问题情境中激发学生的兴趣，学生通过新闻等媒体了解现在的英国王室生活状态，很容易由现实生活联系到需要理解的目标。

（2）指导下的探究活动就是阅读、归纳、总结革命的两个阶段的具体史实，给学生足够的时间探索核心内容：英国如何进行资产阶级革命？促使英国实行君主立宪制的原因是什么？

（3）最终理解活动就是显示学生的思考，即激发学生"野性"思维，引导学生应用于实践，英国资产阶级革命有没有可能产生其他局面？资产阶级、新贵族与斯图亚特王朝的妥协是智慧，还是软弱？学生在解释推理，用证据支持结论时既加深了认识理解，又掌握了学史方法——论从史出。不同层次的班级在最终理解活动中显示出的理解水平是不同的，还可以进一步挑战"核心概念"，提出英国保留"君主"，实行"君主立宪制"对英国和其他国家有什么价值吗？从而为理解英国日后成为世界工商业强国打下基础。

在这个过程，感觉自己的教学设计变得精练，对理解目标的思考帮助我逐渐接近目标，找到了想要清晰表达的东西，可以清楚地告诉学生，又给了学生多层次、多类型、多效能的探究空间。

B. 启迪智慧：创设富有磁力的教学情境，重视学生的多元化学习需求。

案例2：在设计《美国独立战争》时，所有学习活动都旨在加强学生对理解目标"自由"、"独立"核心概念的理解。

（1）围绕启发性论题：美国是怎样诞生的呢？华盛顿又是一个怎样的历史人物呢？

（2）初始活动：把学生引入课题，交流自己感兴趣的问题，而学生感兴趣、被吸引的问题不可能完全相同，为适应不同班级的学生群体，提供不同的学习途径，往往活动涉及范围较广。

（导入）播放一组有关美国的图片——选择有兴趣的图片做描述。

活动1：由拉什莫尔山岩壁上的名人雕塑群"切入"杰斐逊、华盛顿。

活动2：由自由女神像"切入"当时北美最大的民族灾难、民族要求（学生从自由女神像脚下的枷锁、手上的火炬、铭板进行讨论）。

活动3：由美国篮球队费城76人队"切入"《独立宣言》的发表。

活动4：由国旗左上角星的数量变化"切入"大西洋沿岸的13个殖民地。

不同的学习活动使用不同学习形式，从而产生多种理解表现形式，在导入活动中，寻找学生感兴趣的话题，这非常便于教师利用课前提示中的问题因势利导，来启发学生的思维。在指导下的探究活动中，未知的世界对学生具有很大的吸引力，学生接触到某些新的不大理解的知识时，便会产生思考，学生的思维和解决问题紧密联系，学习就是从不知到知道的过程，所以教学活动带有鲜明的问题性，而课堂基于史料的对话是促进学生思维发展的有效途径之一。在终极理解活动中，学生相互之间进行讨论，根据一定的标准进行汇报和交流，为学生合理的学习活动提供空间和时间，教师也可以检验学生学习效果。

C. 活动生成：留给学生自主体验的活动时间和多维互动的交流空间。

案例3：怎样让新课程理念转化为教师的教学行为？记得参加JA培训时，他们的教学内容是很深的理论课程，教学对象是初中生，要使深奥的知识深入浅出，就是以活动为平台构建体验情境，学生的体验成为JA课程的追求，对此我非常欣赏，现在学生想法多多与他们交流确有收获。比如使用反馈表与学生交流《新航路开辟》"畅想天地"模仿麦克坦双面碑，为哥伦布设计碑文，目的是培养学生依据材料初步评价历史人物的能力，分析航海家表现出来的坚毅勇敢，百折不挠以及唯利是图、残酷掠夺的两重性。学生提出的建议：(1)可以设计更多航海家的碑文，自己选择。(2)希望不拘泥于形式能有自己的想法，在黑板上贴一张画像，一面代表善，一面代表恶，让有想法的同学上黑板在相应位置写下自己的观点，然后结合所有观点进行小组讨论。(3)可以自由选择四位航海家中的一个，为他写小传，提供广泛思考空间。(4)把题目改成辩论，不必太正式、古板，分组收集史料以正反方引发争论,让每个人都有表达自己看法的机会,加强团队合作。(5)减少文字,游戏可以增添乐趣。(6)呈现方式可以是两块碑,麦哲伦的碑有文字,哥伦布的碑没有文字。最好给出清晰的格式或举例说明。(7)可以设计双面形象的雕塑,一面是英俊的哥伦布,一面是丑陋像恶魔的哥伦布。

学生建议可以启发教师:(1)理解目标的落实是以理解活动为载体,探究的问题性、实践性、参与性决定了探究学习必须有充分的自主学习时间,苏霍姆林斯基曾说过,自由支配学习时间是学生个性发展的条件,课堂教学的大部分时间,应该让学生参与学习历史的活动,尤其是依据教学目标所设计的活动。

(2)理解活动中,先考虑学生学习兴趣、探究欲望是否增长,鼓励学生用自己喜欢的方式表达想法、思考问题和解决问题,支持学生的个性化发展,提升自我意识。

(3)学生的深层次认知发展既需要独立思考,更需要合作交流。从理论上说学生之间都存在着个体差异,这种差异就是一种宝贵的学习资源,有学者认为学生的思维彼此之间就是"最近发展区"。

(4)使用反馈表,征询学生意见的过程也是赢得学生理解的过程,深挖理解活动形式,符合学生的心理特征和认知规律。

D. 探究:以持续性评价促进学生的思考、参与。

案例4:围绕《两宋新格局》课堂内的千古悬疑案"陈桥兵变"、"黄袍加身",拓展布置课后探究作业,赵宋王朝的疑案还有"烛影斧声"、"戕兄夺位"、"金匮之盟"、"狸猫换太子"等,史学界对此众说纷纭,没有确切的结果,有兴趣的学生可以进一步探究。比如宋太祖的死是不解之谜,正史没有记载,野史说法不一,可以给学生介绍一些史籍记载的不同说法,也可以推荐学校图书馆书籍比如《细说宋史》、《中国历史之谜》,将这点融入教学环节,激发对历史有特别兴趣的学生进行思考,开阔他们的思维、视野。

学生有主动探究的积极性,有知识经验的储备与积累,也需要教师的引领。因此,学生作业除"短"作业(本堂课练习),另外布置些"长"作业,包括阅读书籍、写小论文、观后感等,虽有难度但能弥补短作业的不足,这类作业能使学生广泛涉猎,拓宽视野,丰富知识,为终身发展、自主多样持续发展打基础。

把学生引入课外阅读——打开视窗、拓展阅读,形成策略,持续评价。(1)指导学生课外阅读,突出"循序渐进"的特点及"教师主导、学生主体"的原则,以影视阅读为引子激发阅读兴趣。(2)开发阅读资源——形成策略。A. 重在参与的阅读策略 学生个性爱好特长不同提供可选择的书目,自主选择"精读"、"泛读";B. 降低心理压力的阅读策略,突出"没有——初步——深入"的过程;C. 化整为零、循序渐进的阅读策略,引导学生制定简单易行的读书计划;D. 关注时尚流行的阅读策略。(3)持续性评价强调对探究过程进行评价,随时观察并反馈学生的表现,目的在于促进学生的思考、参与。持续性评价有 A. 课堂即时评价着眼学习的过程,多维度评价(自评、互评、师评),评价内容多元化(发散类问题答案不唯一),评价方式多样化(口头表扬、体态语言、奖励制度、共同参与);B. 作业分类评价,书面作业,"长"作业和"短"作业;C. 综合评定,即正式评价,定量和定性(等级和评语)结合。评价标准可以是《课程标准》中的目标,也可以是被评价者心中的标准,承认每个学生在自己原有的基础上的进步,评价的功能侧重学生的发展,教师的激励导向。

三、终极理解活动——反思中探究

参与网络培训紧张、忙碌,学习结束而实际应用才开始,教研组的校本研修主题"践行 TFU 模式,提高课堂教学有效性"继续从新的视角思考教学,用好哈佛的四个工具"反馈梯表"、"教案管理表"、"评估 TFU 教学单元的反思指南"、"评价斗状图",应用中再创造,积极行动中深化理解,使模式的精髓升华。

(一) 反思培训后的实际应用

上海市教委教研室的《上海市中小学课堂教学有效性情况分析报告》(选自《上海教育》07/9B)提出当前课堂教学中存在的值得注意的倾向性问题:(1)设问的有效性差,层次性、中心性、开放性不够,缺少思维的容量。(2)教学目标与教学实施缺乏呼应性。(3)训练、作业、评价随意,缺乏学科教学的整体考虑。

A. 启发性论题的五个标准帮助教师设计问题。
B. 理解目标与理解活动相互关联,使教学实施具有更强的呼应性。
C. 持续性评价是学生根据明确公布的标准对自己的表现获得反馈的过程,实质是对活动进行反思的过程,衡量达到理解目标的程度。

(二) 反思有助于加深理解的学习经历

1. 模式工具更注重学生的参与

TFU模式告诉我们如何实现师生互动对话的持续与有效:使用反馈梯表、持续性评价了解学生的学情,师生共同对教与学中的一些问题进行诊断与分析,引导教师增强自我理解与对学生的理解,而学生参与修改的设计可以使课程更适合学生发展的需要,鼓励、支持了学生的个性化发展,提升了学生的自我意识。

2. 模式体现出"有效教学"的核心内涵

"有效教学"已成为一个高频词,然而有效教学的丰富内涵不仅包括课堂教学,也可以延伸到课外。不仅涉及教师的教,也包括学生的学,甚至是家长的参与,不仅需要理念的更新,也需要操作手段的变革,TFU模式"教会我们一种课程设计理念,教会我们更合理更系统地完善课程设计,从而更好地促进学生的认知发展",我们老师根据自身的特点和优势,不断操练TFU,熟能生巧,建立起有序、有趣、有效的课堂。

3. 网络是学习的好帮手

培训敦促我向他人学习,向同行学习,从"学"的角度取长补短,提升自己,以学促教,反思教学。

四、继续前行——提纯与改进

理解的形成是一个持续的过程,带着TFU我将继续前行。

(一) TFU模式不是一个僵化的模板等老师套用,而是一个能容纳教师的灵活改造,不断反思,持续改进的过程。

模式每个组成部分的界定有具体标准,这些标准能提醒教师如何帮助学生形成并加深对重要课程内容、概念和论题的真正理解,又能灵活应用。教学设计中,教师必须考虑四个基本教学问题以及相对应的四个连贯的组成部分:

"我们应该教什么？"	启发性论题
"有关这些论题学生应学些什么？"	理解目标
"学生需要做什么才能达到学习的目的？"	理解活动
"我们如何知道学生掌握了什么内容？"	持续性评估

教师使用教案管理表进行教学设计，此过程中使用"评估TFU教学单元的反思指南"列出的每个组成部分的标准，进一步思考教案的每个部分及各部分之间的关系，通常修改模式的一个部分，其他部分也需要修改。学习、检验、修改、再学习、再检验、再修改，这是设计教案的持续发展过程。

（二）TFU模式的理解活动将"二期"课改理念转化为可操作的课堂教学行为。

理解活动是模式的核心内容，理解目标是制定活动标准的一个有用工具，在单元进行过程中提供评价学生理解程度的机会，让学生得到反馈意见。一个理解活动平衡使用正式、非正式评价。

持续性评价需要同时考虑TFU模式的三个组成部分：持续性评价、理解活动和理解目标。只有对理解目标和理解活动有了深刻体会与理解的基础上才能进行持续性评价。

（三）模式应用中的挑战。

1. 如何与学生共同制定、完善持续性评价的评价标准。
2. 如何使贯穿线索和教学单元理解目标公开化。
3. 如何"策略"地激发学生学习动机、引导学生参与对学习内容的思考，避免做出非此即彼的简单结论。

总之，从新的视角思考教学，对每个人都是有帮助的，继续用TFU持续深入地思考、应用，有意识地明确教学目标，修改教学计划，使之完善，在"修订"、"再版"的持续改进过程中寻求更有效的教学方法，始终关注着(1)哪些内容值得学习？(2)如何学效果最好？(3)如何做到让学生用效果最好的方法学到知识？

附录：TFU(Teaching for understand，简称TFU)课程是经由哈佛大学知名学者结合当今世界前沿的教学理论,课程设计的宗旨是为教师提供机会,试验新的教学理念,培养教师理解目标、理解问题、解决问题的能力,使教师定期和同行们一起交流、学习,通过 WIDE World 平台支持教师用不同方法形成定期反思、创新、表达的习惯,就如何尝试并使用职业资源提供示范。——摘自百度百科

"为理解的教学"模式

　　WIDE 课程是建立在"为理解的教学"模式之上的,这个模式是 1989 至 1996 年由附属于哈佛大学教育学院的零项目研究人员和教育家研究开发的一个教学模式,用于课程及教学的设计、修改和审核,以帮助学生增强理解。WIDE 有些课程直接教这个模式,但是 WIDE 开设的所有课程,即便内容不是有关这个模式,也是以这个模式为教学框架,这是 WIDE 课程的标志性模式。(详细描述请看布赖斯等人编著的《为理解的教学指南》或维斯基编辑的《为理解的教学:研究与实际相结合》)。

　　"为理解的教学"模式产生于建构主义的教学传统。这种教学理念认为学习是通过学生持续不断的努力并结合实际生活中的问题而产生的。解决实际生活中的问题需要学生积极地探索,在传统的基础之上创造新的产物。这个模式帮助教育者设计有效的教学方案,来帮助学生形成并加深对重要理念的理解。

　　"为理解的教学"模式有四个相互作用的组成部分,引导教育者思考基本教学问题,这些问题是教育者在决定教学内容和教学方式时必须考虑的。"为理解的教学"模式帮助我们把这些教学决定(包括规划、审核、评估和教学过程)的重心放在帮助学生增强理解。定义每个部分都有具体标准,这些标准能够提醒教师如何帮助学生形成并加深对重要课程内容、概念和论题的真正理解,并能灵活应用。下面我们将介绍四个基本教学问题、"为理解的教学"模式的四个成分对这些问题提供的答案及其与理解的关系、定义这些成分的标准及其对教学决定的指引。

　　　　　　　　——摘自"哈佛 WIDE World 零项目研究'为理解的教学 1'课程资源"

顺利进行小组学习的一些建议
一、小组学习情况简介
　　学员可以以小组形式参加 WIDE World 课程,一般由 3 到 4 名学员组成一个小

组,小组的每个学员都可以进入课程网站,所有小组成员都要阅读单元笔记和其他规定的阅读材料,然后一起合作完成每个单元要求的作业和课程要求的其他任务。一个小组对每份作业只需出一份集体回答,贴在讨论区。小组成员轮流担任"小组组长"的角色*,任务是将集体作业贴到讨论区。所有小组成员都可以以个人名义参加讨论区的在线讨论。有些作业要求每个小组成员独自回答。

*注释:中国地区有些学员因为语言的困难而无法担任小组报告员,请参看附在该文件最后的"中国地区小组成员的不同角色、任务和语言要求"。

二、顺利进行小组学习的七个关键

1. 小组成员定期交流,至少每星期一次。我们鼓励并大力提倡小组成员之间举行见面会议,但不强求,各小组根据实际情况而定。理想的情况是,小组定期举行见面会,小组成员之间对定期见面和合作方式达成一致,保证小组成员定期见面,或通过其他方式交流(电子邮件、电话、课程网站上为各小组设立的小组工作区)。

2. 小组成员轮流担任小组组长。课程每个单元中,小组成员需要分担不同的任务:协调见面会,把集体完成的作业进行归纳总结并贴到课程讨论区,完成一份集体作业,与教练、课程教师、WIDE 技术支持人员就相关小组事项进行联系。小组成员需要提前计划见面会的时间,提前安排每个单元中小组成员的任务分工,尽量做到任务分配均匀,并使每人都有机会参与小组协调和管理。

3. 每个小组对每个单元的每份作业只需出一份集体回答。小组报告员在指定的单元中,总结小组成员各自完成的作业(通过电子邮件、电话、面对面交流),完成一份集体作业,然后张贴到讨论区。这份集体作业的标题要有小组的名字和作业号码,如:杨浦蓝天组,作业一。

小组与小组之间作业的具体完成情况各不相同,有时候小组成员之间的想法比较一致,集体作业包括小组提出的想法和问题,作业中可以直接引用或表达组员提出的有思想、有意义的评论。有时候,组员的意见不是很一致,集体作业需要综合概括不同的想法,指出不同的观点以及小组讨论中提出的问题。

4. 制定小组学习制度,并达成一致。除了安排见面会和组员的任务分工之外,小组还需要制定一些大家都同意的基本规章制度,以保证顺利进行小组学习。比如,规定小组报告员在见面会之后的 24 小时内必须把集体作业贴到讨论区。小组要决定在小组组长上交集体作业之前是否需要审核一下,如果需要的话,确定一个期限,使组员有足够的时间把修改意见反馈给组长(修改意见应主要针对作业的思想性和内容)。小组需要对每次见面会有个时间规定(比如,我们今天的会议将不超过3小时,20分钟用来概括阅读感想,至少用一个小时来讨论作业,至少用一个半小时来最后完成作业)。

5. 所有的小组成员应积极参加每个单元的学习。每个单元的作业由小组报告员贴到课程讨论区,所有的组员都应积极参加讨论区的在线讨论,与其他学员进行交流。教练对小组组长或报告员递交的集体作业提供反馈意见,如果时间允许,他们也会对小组其他成员的留言提供回答。

6. 小组应积极创新,集体完成课程要求的作业和项目。课程有一定的作业要求,小组递交的作业应该是集体共同完成的。WIDE大部分课程要求最终完成一个项目,通常是要求学员制定一个教学方案。理想的情况下,小组能考虑每个组员的兴趣和目的,集体完成一个每个组员都能参与的项目,而且使每个组员都从中受益。每个小组在课程中完成并递交一份完整的项目,由教练进行审批并提供反馈意见。教练无法对同一小组递交的多份项目进行审批。

7. 经常与教练沟通。教练会指导学员如何进行小组学习。请仔细阅读教练发给你们的邮件,还有其他指导课程学习和小组学习的资料。如果有问题,请随时与教练联系。

三、第一单元结束前要做的几件事

1. 阅读WIDE手册。

2. 给你所在的小组命名!给你所在的小组取个正式名字,并在小组档案中加一段描述。进入"我的WIDE"页面 http://wideworld.gse.harvard.edu/mywide,点击"想更新档案吗"(页面右上角),你的个人档案窗口会跳出,页面中间有个副页叫"小组档案",点击"小组档案"键,在那里更新小组档案。

3. 为每个单元指定小组组长、小组报告员,安排小组见面会等事项。小组成员第一次见面时,或在课程开始的时候,确定小组成员在每个单元需要承担的角色和需要负责的任务。如果可行的话,每个单元指定一天,用来进行小组见面会,为每个单元的学习和集体完成作业制定规章制度。

4. 小组集体合作,顺利完成课程作业和项目。在完成集体项目的时候,要尽量考虑每个组员的兴趣和目的。

附：中国地区小组的不同角色、任务和语言要求

每个小组有三种角色：小组成员、小组组长和小组报告员。小组成员轮流担任小组组长；小组报告员由英语水平较好的学员承担＊。小组成员可以用中文进行讨论，也可以用中文作记录，起草作业，但是最后贴在讨论区的作业需要用英语。

＊注：如果一个小组的四名成员英语程度都较好，即能够用英语完成课程要求完成的作业，那么这个小组的四名成员可以用英文合作完成作业，小组组长负责把集体完成的作业贴在讨论区。如果一个小组的四名成员中只有一名成员的英语程度较好，这个小组的"小组报告员"只能由这名成员担任(对于独自承担小组报告员的学员，我们将在课程结束时给予一定认可)，负责把集体完成的作业翻译成简单、清晰的英语，贴到讨论区。如果一个小组的四个成员中有两名或三名成员的英语程度较好，他们应轮流担任"小组报告员"。

每个角色所承担的任务和要求的英语水平如下：

1. 小组成员的任务包括：

-配合小组组长一起制定每个单元的学习计划。

-按时出席小组见面会。

-独立完成课程要求的阅读任务(包括单元笔记、教材及其他资源)。

-与其他组员一起合作，对每份作业完成一份集体回答。

-可以以个人名义参加课程讨论，但教练主要对集体作业提供详细反馈。

-轮流负责其他小组学习的相关事项(比如，有必要的话，定期与语言支持人员交流等)。

英语水平要求：对小组成员没有具体的英语水平要求，当然在聘用中文教练之前，我们建议尽量招收英语水平较好的学员。

2. 小组组长的任务包括：

-制订本单元的小组学习计划。

-分派学习任务，明确每个组员需要负责完成的作业。

-负责召集、主持小组见面会。

-收集小组成员完成的作业，并进行综合，使之成为完整的回答，并用英文贴在讨

论区(如果小组组长英语不够好,他需要把集体完成的作业交给该小组报告员)。

-其他小组协调事项。

英语水平要求:对小组组长没有具体的英语水平要求,当然在聘用中文教练之前,我们建议尽量招收英语水平较好的学员。

3. 小组报告员的任务包括:

-把小组组长递交的小组集体完成的作业翻译成英文(不需要一字一句的翻译,但是要把主要观点表达清楚)。

-根据需要,把教练、其他小组给出的反馈意见综合概括,并翻译成中文,以书面或口头方式传达给小组成员。

-根据需要,把教练、课程讲师、WIDE 工作人员所发的电子邮件的主要内容综合概括,并翻译成中文,以书面或口头方式传达给小组成员。

-根据需要,帮助语言有困难的小组成员,如果他们有问题需要与教练交流,帮助把这些问题翻译成英文,传达给教练。如果他们想要发表对其他小组成员作业的意见和想法,帮助把这些想法翻译成英文,贴在讨论区。

英语水平要求:小组报告员需要较强的英语阅读、翻译和综合概括能力。英语水平较好的学员需要参加 WIDE World 准备的英语阅读和翻译测试,达到其规定的最低分数,可以担任小组报告员。

常见问题解答

有关在线学习和 WIDE World 课程的常见问题

问:WIDE World 是什么机构?

答:WIDE World 是附属于哈佛大学教育学院、提供在线及非在线职业培训的机构。WIDE 开设的课程涉及很多领域,包括数学、阅读、写作、区别教学、多元智力、在教学中的技术应用和教学方法。基于哈佛大学教育学院 30 多年来的研究,所有 WIDE 课程都传授并示范有效的教学方法。

问:如果我报名参加 WIDE 课程,需要多少时间的投入?

答:大多数课程为期 12 周,共六个单元,即每两星期进行一个单元的课程*。如果参加秋季和春季的课程,学员一般在上课的同时还有自己的教学任务,每个单元为期两星期,每个星期大约需要3—4个小时完成课程作业。夏季的课程,每个单元为期一个星期,每个星期需要大约7个小时完成课程作业。

(请注意:另外有一种短期课程,只有两个单元,每个单元为期一个星期。)

*2006年秋季为中国地区学员开设的为理解的教学课程,每单元为期10天。

问:课程每单元都有哪些内容?

答:每个单元中,首先是讲员写的"欢迎词"和补充阅读,讲员会给每个单元安排新的学习活动和讨论,包括在实际教学中检验教学方法、对结果进行反思、检查学生作业、通过生动的个案分析观察老师的教学。

问:我从未参加过在线课程,在线课程是什么?

答:WIDE World创建了一个简单易用的在线环境,在那里参加与你专业相关的各类学习活动,在你已有的教学基础上,进一步推动你的教学。在线讨论区是每个课程的中心,在WIDE专业教练帮助下,在讨论区你有机会与别的老师进行热烈的讨论,互相启发。为保证讨论有意义并有针对性,我们把你与跟你所教科目和年级比较接近的学员分在一个学习小组,便于你们在教学热诚和学习目的等方面进行交流沟通。我们会安排专业教练来指导并促进小组讨论,以保证一个有建设性并互相扶持的一个学习环境。在整个课程进行过程中,教练还会针对你个人的学习情况提供意见和帮助。

问:课程过程中我是否在某些规定时间必须在网上?

答:不需要。WIDE课程计划灵活,你可以在任何方便的时候完成作业。每个单元的学习过程中,你可以在任何时候(白天或夜晚)登录,然后完成作业。而且没有地点限制,你可以在学校、家里及任何可以上网的地方登录。

问:我是否需要知道很多技术才能参加在线课程?

答:不。WIDE课程只需要极少的技术知识,只要你知道如何打开计算机,如何进入网络,你就可以参加WIDE在线课程进行学习。WIDE在线课程的界面非常容易使用,WIDE有一支技术力量强并且非常友好的技术支持队伍,他们会在任何时候提供你需要的任何帮助。

问:我更喜欢和同事以小组形式一起学习,我们可以一起参加在线课程吗?

答:完全可以!有两种方式可以报名参加WIDE课程:个人及3—4人组成的小组。如果以小组形式参加,必须整个小组一起完成课程作业、一起参加对课程阅读的讨论、以小组名义在讨论区张贴评论。基本而言,小组成员轮流负责把集体作业或评论张贴到讨论区,这由小组自己安排,使每个单元都有不同成员代表小组负责这些事务。小组成员可以进行面对面交流,或者通过电子邮件来共同完成作业。

问:WIDE是否可以到我们学校或学区做现场培训,这样我和我的同事们可以一起交流、探讨我们的工作、进程和分享成功的喜悦?

答:当然可以。如果你所在的学校或学区希望我们做现场培训,作为在线课程的补充,我们会很高兴,只要学校或学区负责人与我们联系即可。

问:我将获得多少小时的职业培训?我能得到哈佛大学颁发的证书吗?

答:如果你完成六个单元的课程,你会收到哈佛大学教育学院颁发的结业证书,证明你完成了35—45个小时的职业培训。如果你参加两个单元的短期课程,你会收到哈佛大学教育学院颁发的结业证书,证明你完成了14—15个小时的职业培训。

如果需要技术帮助,请发电子邮件:widesupport_shanghai@gse.harvard.edu ©

哈佛大学2006年版权所有

有关WIDE World的其他背景资料

技术为创建并支持老师的学习环境提供途径。这些学习环境可以在学校里,老师每天在繁忙的教学中抽出时间见面交流,或者超出学校、学区、州以及国家的限制,在一个更为广泛的环境中实现。

-实现所有梦想:对美国儿童的承诺,全国教学和美国未来委员会(2003年)。宗旨:WIDE World是附属于哈佛大学教育学院的一个独特的职业培训机构。我们成功地将30多年的研究成果和实践相结合,旨在思考并解决21世纪最重要的教育问题,即帮助学校持续地、系统地提高教学实践和教学质量。WIDE World与学校合作,通过有针对性的、交互性在线及非在线职业培训,传授并示范有效的教学实践,来支持并鼓励老师积极参与,成为学校或学区的教学中坚和领导。

起源:WIDE World开始于1989年,旨在将教学研究成果与提高教学实践相结合。研究组负责人大卫·佩金斯和斯通·维斯基长期致力于此,自20世纪90年代中期,他们开始探索使用因特网来加强并实现这种结合。在佩金斯和维斯基博士的指导下,创建了在线学习环境,帮助教育者应用研究所得的教学法并与教育者分享在线环境的资源。他们成立的网站支持并推广哈佛大学教育学院研究和发展中心零项目开发的教学方案,以及哈佛大学教育学院教育技术中心的研究成果,包括为理解的教学、多元智力、思维定式和基于为理解的教学模式支持新技术的使用来促进教学。

　　WIDE World 从这些最初的几个网站发展起来,开设职业培训课程。在这些课程中,学员学习研究所得的教学法,把这些理论应用到他们自身的教学实践,从教练处得到定期帮助和反馈,定期与参加课程的同时进行反思和交流,主要探讨新的教学方法。

　　目前,WIDE World 开设的大多数课程包括六个单元,为期12周(夏季课程除外,只有一半时长)。每个单元有精心设计的内容、练习和交流。这些由讲员带领、教练指导的课程帮助学员熟悉研究所得的教学法,如评估、为理解的教学、使用网络工具和其他技术、标准教学、多元智力、代数思维课程、区别教学以及2005年春季开设的内容阅读。课程学员被分成多个学习小组,可以以个人和小组形式参加课程。手册中第15至16页有关于以小组形式参加学习的具体介绍。

WIDE World 职业培训理念

　　首先,WIDE 相信教育者需要加深对四个概念的理解:反思、试验、设计和参与。反思帮助我们如何使实践和计划合拍;试验帮助我们为改进教学而理解教学的运作机制;好的设计帮助我们更好地付诸实施并进行更清晰地思考;参与和同行们一起学习是因为教学是一件非常复杂和重要的工作,独立进行的效果不好。

　　其次,WIDE 认为教育者需要不断学习,为促进自身职业发展制定持续的、战略性决策。这种职业发展应在整个职业生涯中进行不断积累,通过个人及集体的努力来实现。为保持对教学的关注和加深对教学的理解,教育者需要定期的职业培训和帮助。经常关心课程设计、教学试验、反思并积极和同行们一起学习,将有助于教育者关注自身的学习,而这往往在繁忙的教学任务中被遗忘。WIDE 旨在为老师提供这种支持和帮助。

　　另外,WIDE 相信教育者需要学习如何使用不同的在线和非网络工具进行教育理念的交流。这不只是学习使用这些工具的技能,而是理解设计这些工具的目的以及如何利用他们。在 WIDE 课程中,我们使用在线工具,使你自己、你的在线同行们、教练和讲员了解你的想法,并进行交流。

第一章 "为理解"的教学

WIDE课程向职业教育者提供如何发现并使用资源(课本、录像、照片、学生作业、其他相关资源)、定期用不同方式(书面、谈话、在线和非在线)进行反思,对教育实践进行试验(思考并付诸实践,包括系统地记录并解释教学试验和结果)、定期参与交流和学习(对想法、问题、试验和资源进行在线、非在线的讨论)。所有这些都是为了加深个人对教学的理解并加强与同行们一起交流探讨的力度。

"为理解的教学"教案管理表:你将连续几个单元使用这个教案管理表,用来设计和修改你的教学单元的各个组成部分。我们会在第三、第四、第五单元里着重设计或修改某些部分。你按每个单元的作业要求,把相应的部分填写到管理表中,其他部分可以暂时空着。(例如,在第三单元里,我们会将注意力集中在你设计的教学单元名称(还有除方框内总结性描述外的其他信息)、启发性论题(和相关标准)、理解目标(陈述句和问句两种形式)——请参看第三单元作业2和作业3。随着课程的进展,你可以随时修改你前面作业的任何部分。事实上,有些作业就是要求你修改前面设计的内容。(贯穿线索不是这个课程中必须要做的,如果你做这个部分,教练会简要地给一些反馈意见。但是我们这门课程的重点是单元理解目标。)

教学单元名称:_____

你的姓名:_____

日期:_____

所教科目:_____

所教年级:_____

学生情况:_____都是优等生(重点班);_____好生差生都有;_____

其他情况(请说明_____)

单元大约所需时间:_____

主要可以使用的资料/资源:_____

简单摘要(用三到五句话描述单元内容):

(可选部分)贯穿线索(整个学年或整个课程要达到的重要、总体上的理解目标。这些目标在整个学年或整个课程中保持不变。)

1. 问句形式：

陈述句形式：

2. 问句形式：

陈述句形式：

3. 问句形式：

陈述句形式：

启发性论题

你的启发性论题是什么？_____

（用你所教学科里的一个词组或是概念写下你的启发性论题。）

启发性论题的衡量标准：请解释你的启发性论题是如何达到以下标准的。

1. 中心性：你的论题在哪一个学科中起中心作用？为什么这个论题对你所教的科目起重要的中心作用？

2. 吸引力：为什么这个论题会吸引你和你的学生，或是有潜质让你的学生感兴趣？你将如何使这个论题吸引学生？

ⓒ 哈佛大学罗伊斯·海特兰和零项目版权所有；2007年经玛丽·麦克法兰修改

小组合作学习——自主学习部分

操作步骤：

1. 阅读教材，提出活动的<u>主要内容与重点</u>。
2. 确定<u>展现思路</u>（即如何展现上述的内容与重点）。
3. 确定小组内部<u>分工</u>。

小组活动任务书

活动主题：		小组：	组长：
主要内容：	1. 2. 3.		
重点：			
展现形式 与方法：			
展现思路(流程)			

小组分工

组员	具体分工	组员	具体分工

活动评价(他组及教师)

他组	教师	综合分值

注：共10分。

评价内容与标准 1.课件—3分(知识体现情况、重点是否突出、图表利用情况)；2.展现过程—4分(小组合作情况/主题讲述情况：思路、表达/"师生"配合情况；参与人数、操控能力)；3.实际效果—3分(展现过程中及主题总结时的学生反馈情况)。

评价方式与过程：先他组依据评价内容与标准给出各组分值，并说明给出分值的具体原因；教师再将自己的分值与原因列出；原则上以教师的分值为标准分，但在听取各组给分过程的分析中，尽量着情将自己的分值进行改动，并陈述改动的理由，以鼓励同学们参与到评分过程中，此分值作为最后的综合分值，如各组分值与教师的综合分有差异，则扣有差异小组的差价，以此推动他们关注他组的讲解，并从中学习如何寻找到他人的优点与不足。

评估 TFU 教学单元的反思指南

你的名字：	
你设计的教学单元标题：	
日期：	
该教学单元所属的学科：	
年级：	
学生情况：_____ 都是优等生；_____ 好生差生都有；_____ 其他情况(请说明_____)	
单元所需时间：	
主要使用的资料/资源：	
简单摘要(用三到五句话描述单元内容)：	

这个反思指南既用来进行自我评价(即反思)，也为你和其他教师对"为理解的教学"进行交流提供指导。根据作业的具体要求，参考这里列出的教学模式的每个组成部分(启发性论题、理解目标、理解活动和持续性评价)的衡量标准，在表格中的右栏中，写出你的回答，并给出理由或例子。

启发性论题	在这一栏写上你对标准与你的教学设计之间关系的评注
1. 论题在一个或多个学科领域起重要和中心作用。	
2. 由于年龄、需要、兴趣、背景、特长和生活经历等因素，论题对你的学生(可以是儿童、青年或成年人)有吸引力(或能够吸引学生)。	
3. 由于年龄、需要、兴趣、背景、特长和教学经验等因素，论题对你有吸引力(或能够吸引)。	
4. 可以找到多种相关资源来理解论题。	
5. 论题与学科里的其他论题、其他学科，以及学生的校外生活有明显的联系。	

理解目标	在这一栏写上你对标准与你的教学设计之间关系的评注
6. 理解目标注重理解学科中的重要概念、方法、过程和形式(通常由国家、州确定,或者根据当地的标准和老师的经验来确定)。	
7. 目标主要针对的不是行为(描述的是学生将理解的内容,而不是学生将要做的行为,如探索、分析、预测、说明等)。	
8. 目标应用易于学生理解的问句和详细的陈述句两种形式清晰地表达,针对学生需要理解的重要内容。	
9. 理解目标表述清晰,可以公开给课堂以外的人员,如家长、同事、学校领导等。	
10. 理解目标反映多个理解层面(知识、方法、目的和形式),但是不需要每个目标都反映所有的层面。	
11. 目标可以集中在常见的错误理解、潜在假设,以及可能阻碍学生形成对论题的深刻理解的瓶颈内容上。	

理解活动	在这一栏写上你对标准与你的教学设计之间关系的评注
12. 学习活动直接针对加强一个或多个理解目标中表述的关键概念的理解。	
13. 学习活动要求学生积极思考学习内容,以及用所学的内容进行思考(如不仅仅要求学生记忆或背诵)。	
14. 学习活动采用不同的方式,吸引不同背景、不同经历、不同特长的学生,对内容进行有深度地学习(比如采用视觉、空间、故事、数字、逻辑或音乐等方式)。	
15. 学习活动按一定次序排列,首先进行介绍性的初始活动,然后在教师指导下进行探究活动,为终极理解活动做好准备(终极理解活动要求学生在单元结束时,运用通过所有活动而掌握的知识和技能)。	
16. 终极理解活动要求学生利用在整个单元中学到的知识和技能,通过应用展示达到的理解。	

持续性评价	在这一栏写上你对 标准与你的教学设计之间关系的评注
17. 评估学生在每一个理解活动中达到的理解水平，检验他们在整个单元中逐渐形成一个或多个理解目标。	
18. 持续性评价与理解活动没有混淆。注重对学生的行为、交谈和制作，即活动中学生作品的评价。	
19. 评价者检验学生进行的理解活动，根据具体的标准找到理解的证据。	
20. 有证据表明，把评价的结果作为反馈信息，用来改进教学或指导促进学生的学习（成果/演示/作业）。	
21. 由多人在不同的学习阶段对理解进行多次检查（例如学生自评，学生互评，老师评价，专家评价）。	
22. 对理解的检查有非正式的（如观察、开放式反思、讨论）和正式的（如对作业评分、专题反思等）。	

整个教学单元	在这一栏写上你对标准 与你的教学设计之间关系的评注
23. 该教学模式的各组成部分之间互相连贯、相互作用。	
24. 整个单元表达清晰流畅，其他教师也能从中得到启发、运用，或经过修改用于别的学生。	

©哈佛大学和零项目版权所有，2007年经玛丽·麦克法兰修改

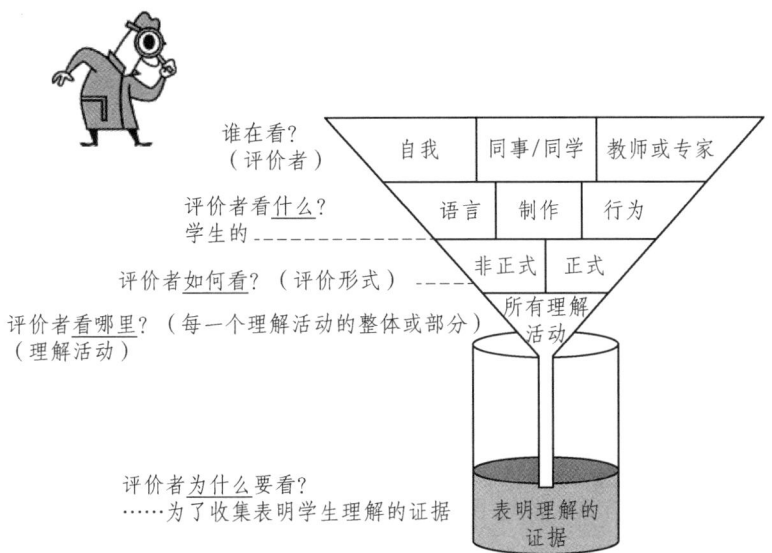

使用评价斗状图

在持续性评价中,评价者看哪里?看理解活动

(评价者希望在某个活动中看到哪些证据(请给出一些例子)?评价者从学生的交谈、行为、制作中寻找哪些特征(举出一些例子)?评价者愿意把哪些特征或标准,作为学生达到一个或多个理解目标的证据?)评价者和学生使用从持续性评估收集的反馈信息,用来改进教学。

(ⓒ 罗伊斯·海特兰和哈佛大学代表零项目和WIDE World2005年版权所有;玛丽·麦克法兰2007年修改)

注:《哈佛TFU培训模式焕发历史教学活力》刊登于2009年6月《静安教育》编辑出版的《"为理解的教学"在静安》;2009年9月获中国教育学会举办的"中国教育实践与研究论坛"征文评比大赛一等奖。

教学论文

2. 课堂教学怎样有吸引力

摘要 教师的实践智慧就是对具体的教学情境和教学行为做理性分析,就是把教学理论的普遍性与感觉经验的特殊性有机结合,就是对课堂教学进行有效调控。教师凭自身的智慧与个人专业特色赋予课堂独特的魅力。那么,如何提升课堂教学实效——构建智慧、成熟、完美的课堂教学呢?

关键词 "备学生";凸显探究过程

"教学质量和教师素质的重要性无论怎样强调都不过分",因此,"提高教师的素质和动力,应该是所有国家优先考虑的问题"。人们日益认识到,教育能否为21世纪培养出理想的新人,教师起着关键性作用,聚焦课堂教学,提升教师实践智慧已经成为共识。

教师的实践智慧就是对具体的教学情境和教学行为做理性分析,就是把教学理论的普遍性与感觉经验的特殊性有机结合,就是对课堂教学进行有效调控。教师凭自身的智慧与个人专业特色赋予课堂独特的魅力。那么,如何提升课堂教学实效——构建智慧、成熟、完美的课堂教学呢?

一、坚持"备学生",好课堂要有好的策划设计

教学的6个环节中排在首位的是备课,作为学生学习的引领者,教师备课的主要任务就是策划和设计学生的学习任务,教师对学习任务的设计要有适度性,首先自问:你对学生了解吗?学生的知识积累、情感体验、生活经历、思维模式等都或多或少存在

差异,教师要尊重差异,因材施教,为每个学生创造发展的空间,问题设计就要有层次性、灵活性,难度由浅入深,让每一个学生的思维得到锻炼。比如大部分学生要求掌握本节课的知识与技能,一部分学生能有更高层次的收获,个别学生能在其他方面获得展示和肯定。生性活泼的学生为他创造表演的机会,善于言辞的为他创造表达的机会,善于绘画的学生请他在黑板上绘制示意图等。

　　好的教学设计必须是:①深入钻研教材,坚持单元备课与课时备课的结合。对新教材的理解不仅要全面,而且要深刻,能科学把握和艺术处理新教材。比如理解初中历史新教材的主要特点a.注重引导学生转变学习方式;b.强调与现实生活的联系;c.体现学生的身心特点。把握初中历史课堂教学的主要特征:情境化、结构化、思维化、策略化。②确定教学目标。根据文本和学生特点确定三维目标,比如历史新教材a.知识目标落实:先解决"是什么"再解决"为什么",生动、具体、形象是前提,补充材料要短小、精悍、目的明确;b.能力方法目标到位:要渗透史学的基本思想和方法,要为学生"终身学习"产生效益,要切合学生的年龄特征认知水平;c.情感态度价值观目标内化:真实自然直入人心,"润物细无声"渗透于知识方法中,不能指望"毕其功于一役"。对于任何一节课,课堂教学怎样实现三维目标的整合十分重要,它指出了教学的主攻方向,规定了全节课教学活动的归宿。③落实"备学生"。教师的教尽可能贴近学生的学,教师熟悉和了解学生就能因学定教、因学施教,为学生合理的学习活动提供空间和时间,当然也增加了教学过程的不可预测性,教学设计要有"学生不按教师预设的方向走"的心理准备,设计的问题需要考虑学生会有多少种相异构想? 准备怎么解决?这对教师的教学理论素养、学科素养、教育机智等提出了挑战。备课不但要依据教材,更要依据学生的实际学习过程,即备学生,这需要教师把更多的目光聚焦在课堂,把更多的心志聚焦在学生,将学生作为自己教学的出发点。比如我在设计《美国独立战争》时考虑放映一组图片设置情境导入,激活学生原有的经验和知识,还可以通过学生发言掌握学生对美国历史的了解状况,适时调整教学重心,顺势由"点"带出知识面,但是学生从"国会山雕塑"展开讨论,由杰斐逊、华盛顿带出《独立宣言》、战争过程,还是由"自由女神像"展开,课前我并不知道,课堂的预设与生成就在于此。④"备课于心"和"备课于书"。教案是教师教学前自己预设的课堂教学步骤,并不是课堂上唯一的教学思路,在教学中应该根据课堂里的实际教学情况随时调整教学过程,活用教案,使备课更加符合学生的思维和实际情况,这就要求教师"备课于心",教学有效性还是更多强调学生在上课之后的实际收获。

二、以创造性为目标,好课堂要凸显探究过程

探究性的课堂,学习内容是动态生成的,由师生之间、生生之间在探究过程中共同协商、合作建构的,它能调动学生的自主性、独立性、责任心和创造性,使学生的合作意识、实践能力、思维品质得到提高。现代教学论突出思维教学,着眼于学生的思维过程;主张教师的教学是为了理解的教与学,对知识的理解不仅是熟知各个知识点,真正的理解是对知识产生过程的了解。知识是前人经过无数次的反复实验、论证才得到的,教学有必要将这一过程告知学生,而不是教给他们孤立的知识点。正如教育心理学家布鲁纳主张的:"我们教一门科目,并不是希望学生成为该科目的一个小型图书馆,而是要他们参与获得知识的过程。学习是一种过程,而不是结果。"历史探究性学习就是把学生当作主动参加知识获得过程的人,关注学生获取知识的过程,强调的是如何得出历史结论的过程,而不仅仅是结论本身,要引导学生在收集、整理、比较、筛选、分析、归纳、运用史料的过程中,不仅掌握基本的史实、概念,同时了解历史研究的基本理论、方法和过程。

《历史课程标准》在阐释"过程与方法"目标时,对历史学习知识这样界定:"历史学习是一个从感知历史知识到积累历史知识、从积累历史知识到理解历史知识的过程。"强调让学生在课堂学习与课后活动中,"注重探究式学习,勇于从不同角度提出问题,学习解决历史问题的一些基本方法"。就是要以"探究性学习"的方式来达成历史课程的"过程与方法"目标。

(1) 有民主、平等、宽松的学习环境和探究欲望。

课堂教学中,教师的一个十分重要的任务就是创设民主、平等、宽松的学习环境,激发学生探究的需要和兴趣,培养良好的创造动机,使学生处在探究的冲动之中,激疑生趣,提出问题,思考问题,实现自我发现。比如在《官渡之战》教学后,我提出了"如果没有许攸来降,曹操能取得胜利吗?"这个问题,学生非常感兴趣,这样就激发了学生的探究欲望,培养了学生的探索精神。

(2) 有多层次、多类型、多效能的探究空间。

教师问题的设计,反映出教师对学生原有基础的了解,也反映出教师对学科本身的理解。教师提出的问题大多学生是不加思考、张口就答出,那么这个问题就是无效的,如果全班都不能回答,也是无效的。问题提出以后,有学生逐步深入思考或者跟同伴经过真正讨论后,得出问题答案,这个问题就是有效的。由此可见,要想让学生真正地探究学习,关键是问题的设计,所以教师要从内容和形式两方面努力设计出有一定探究空间的问题。

在内容上,教师设计的问题要符合教学和发展的"最近发展区"理论。我们形象地称为"跳一跳,摘桃子"。这个桃子不是伸手可得,而是需要跳一跳才能摘到手,但又不是怎么跳也够不到。教师设计问题时,把问题落在学生的最近发展区,这样的问题是最有探究价值和效能的。比如教学《血肉筑长城》后,我提出"假如没有美国向日本广岛、长崎投放两枚原子弹,日本会不会投降?"对于这个问题,稍加思索之后,每个学生都能有自己的观点,并且或多或少地都能谈出一些理由支持自己的观点,但是学生要想把这个问题谈深谈透,却需要动一番脑筋。

在形式上,教师从教学目标出发,设计一些多层次、多类型的发散类问题。探索史实的原因、规律、内在联系,需要"为什么"、"你能从中发现什么"这样有价值和效能的问题。如在《三国鼎立》教学后,我提出"曹操在官渡之战中能够胜利,在赤壁之战中却失败了,请你分析一下其中的原因"。还有从多角度、多方面、多领域认识客观史实,提出有发散性思维的问题组织学生进行探究,比如"除此之外,还有哪些方法"、"你从中体会到了什么"等等,答案可以不唯一。新教材中"各抒己见"、"动手动脑"、"小论坛"等就是通过自主学习,提高学生的探究能力,培养学生的创新精神和实践意识。

(3) 留给学生自主体验的活动时间和多维互动的交流空间。

课堂教学中,时间是重要的学习资源。教师对时间的分配,直接反映了教师的教学观。探究的问题性、实践性、参与性决定了探究学习必须有充分的自主学习时间,否则探究学习就是一句空话。更谈不上把课堂还给学生。苏霍姆林斯基曾说过,自由支配学习时间是学生个性发展的条件。他所说的自由支配时间,其实就是这种自主学习的时间,同样它也是探究的必要条件。

新课程理念下的历史教材关注学生的主体性发展,课堂教学不仅为了知识而教学,更是为了学生的发展而教学,"生命课堂"是关注学生实际体验的课堂。有的教师为了上满课堂 40 分钟,对历史教材内容做了大量扩充,教师在课堂教学中讲得口干舌燥、精疲力尽,学生在课堂上听得头脑发胀、昏昏欲睡,这种作法实际上是对新课程理念的误解,是对新课程历史教材的误用。事实上,历史教材中的知识含量是有限的,在课堂教学中教师的讲述只占较少时间,课堂教学的大部分时间,应该让学生参与学习历史的活动,尤其是依据教学目标所设计的活动。

  学生的深层次认知发展既需要独立思考,更需要合作交流。从理论上说学生之间都存在着个体差异,这种差异就是一种宝贵的学习资源,有学者认为学生的思维彼此之间就是"最近发展区"。协作交流是学习的基本要求之一。所以探究学习,离不开合作学习这个载体。这种交流互动包括学生与学生之间和学生与老师之间。创造性的教学是学生创造潜能得以开发的前提,其次创造性教学要落实在教学实践的每个细节上,有人讲"细节决定成败",也可以说"教学的每个细节都能表现创造性,并决定教学质量的高低"。许多好课的亮点就体现在细节上。

  探究既是一种学习方式,也是一种学习过程。教师以超越自我的心态,为学生创造有利的条件,才能使中学历史教学探究性学习有持续不断的新思路、新方法、新结论。

三、贴近社会生活和学生生活,好课堂要走进生活

  教学过程中灵活多变地创设情境,把教材贴近生活,教学方法围绕生活。不论是呈现新知识,还是巩固、复习,以学生的生活经验、兴趣、能力和关注学生的成长和成才,重视学生的多元化学习需求,让课堂教学内容贴近生活、贴近社会、贴近自然。

  学生对学习没有兴趣的理由之一,就是教学内容离生活太远。知识与生活脱节,知识与应用分离,削弱了学生对知识的渴望。知识本身没有意义,知识的意义体现在知识的应用中,知识来源于生活,生活是鲜活的,鲜活的生命活动可以拉近学生思维与知识的距离,当课堂知识与生活相融合时,学生的情感、态度和价值观就真正实现了内化。

  历史教育的德育功能人尽皆知,但是历史学科固有的过去性、客观性、复杂性和意

识性的特点,使它与中学生的生活情趣、生活经验以及关注点有很大的距离。于是中学历史教学长期遭遇尴尬:学生学习历史的热情不高,兴趣不浓。然而,《初中历史新课程标准(2011年版)》提倡培养学生适应21世纪社会发展所必备的国民素质和人文素养(如对人类文明的认同感,树立正确的世界观、人生观和价值观等),让学生逐步形成崇尚科学精神的意识,确立求真、求实和创新的科学态度,让学生从专制到民主、从人治到法治的历史发展趋势中,强化民主与法制的意识。同时要求学生汲取人类创造的优秀文明成果,逐步形成面向世界、面向未来的国际意识。

依据新教材课标理念:将历史与现实相联系,回归学生的生活世界,启迪学生的心灵,让学生在现实中谈历史,在体验中看规律,在生活中悟理想。初中历史教学的"源头活水"是——关注社会现实,使教学内容"贴近学生生活、贴近社会"。在历史教学中关注社会现实,就是从当今社会和学生的生活中,捕捉与历史教学内容密切相关的现象、情境或者问题,进行教学设计,激发学生学习历史的兴趣,引导学生积极主动地探索历史、了解历史,从历史中吸取养分,从而更好地理解当今世界,解答生活中遇到的实际问题。

(1)从社会热点、焦点导入教学,增强教学内容同生活的联系,体现时代感。

《初中历史新课程标准(2011年版)》这样提倡:"使学生学会辩证地观察、分析历史与现实问题,加深对祖国的热爱和对世界的了解,从历史中吸取智慧……"现实问题就是每天发生的社会新闻和大家关注的热点、焦点,中学生好奇心、求知欲强,理所当然地希望了解,渴望倾吐和交流,教师要善于发现现实问题与历史教学内容之间的联系,通过巧妙的教学设计把它们引入课堂,这样可以引导学生把对现实问题的各种印象和感受、怀疑和问题带到课堂上来,展开无拘无束的对话,使学生"在课堂学习中精神生活积极、充实,甚至非常热烈"。

案例1:美国总统大选的高潮时期,世界各国都十分关注。历史课教学进入《美国独立战争》一课的学习。教师顺其自然,请学生提出他们对美国大选感兴趣或是想了解的问题:

美国的总统选举制是怎么回事?

美国总统选举制起源于何时?

奥巴马是美国历史上第几任总统?

美国历史上第一任总统是谁？

......

学生提出的问题是《美国独立战争》一课能解答的,于是教师提议学生自学课文,回答这些问题,然后教师引导学生进一步了解美国独立战争的具体情况。案例1是把与教学内容有直接联系的社会热点引入,达到了以下效果:让教学内容和过程不再空对空,解答了学生生活中遇到的问题,发挥了实际功效;由于满足了学生的实际需要,学习活动就成为主动探究的过程;同时,拓展部分知识开阔了学生的视野,教学内容也不局限于教材本身。

教师把学生熟悉的社会热点、焦点恰当地引进历史课堂,历史教学就发生了很大变化。英国史学家爱德华·霍列特·卡尔在《历史是什么》一书中指出,历史"是现在跟过去之间的永无止境的问答交谈"。即从认识论的角度看,历史知识不仅是指过去发生的事情,实际上它还包含人们对过去所发生事情的认识,而这种认识是随着社会的不断变化而变化着的。这是因为人类历史在永不停息地发展着,过去、现在和未来是处于同一条不间断的历史长河中,是无论如何也割不断的,过去了的东西总是或多或少、以这样或那样的改变了的形式浓缩在现实之中。昨天是今天的基础,今天是昨天的发展,其间含有继承和发展的关系。

(2) 尊重史实,以现代人的感知审视、记叙、诠释、解读和总结历史。

许多学生怕学历史和学不好历史的原因是:在绝大多数学生现有的知识结构中缺乏与所学历史内容相应的生活经验,不能"同化"新知识。解决的办法就是创设生活情境,让学生在熟悉的情境中,利用已有的生活经验,获得一些真实体验,解决一些基本问题,或者是产生一些疑惑,从而能够部分地理解历史,达到"顺应"的效果,完成学习任务。

案例2:三国是一个风云变幻,沧海横流,英雄辈出,令人神往的时代,不知多少盖世英雄在那里大显身手,叱咤风云,正可谓江山如画,一时多少豪杰。曹操就是其中一位影响历史进程的重要人物。他生前威震天下,他死后骂名最多,有人说他是英雄,有人说他是奸雄。在历史的记载中,为什么他的所作所为总是自相矛盾,众说纷纭?曹操究竟是一个怎样的人物,在他前期有着什么样的功过得失?教师可以出示几段材料,比如曹操自评:"设使国家无有孤,不知当几人称帝,几人称王。"——曹操的《让县明本志书》;文学家眼里:"宁教我负天下人,勿教天下人负我。"——罗贯中《三国演义》；史学家眼里："治世之能臣，乱世之奸雄。"——（东汉）徐劭；"非常之人，超世之杰。"——（西晋）陈寿《三国志》。易中天教授从平民角度解读曹操，说曹操是可爱的奸雄。

案例启示：易中天的《品三国》在央视百家讲坛引起轰动，《品三国》成为畅销书后不一致的褒贬我们不评论，重要的是易老师讲史的方法，他的语言表达抑扬顿挫，讲起三国来既平易亲人，又不失学者风范，是否严谨的学者就该讲一些客观事实，人物评价留给观众自己？没有自由发挥的调侃，说历史会有吸引力吗？《初中历史新课程标准（2011年版）》强调：我们的历史课堂要避免成人化、专业化倾向，不刻意追求历史学科体系的完整性，但历史学的思辨能力是要在分析理解历史的材料中获得的，对史料的释读可以借鉴易教授的方式。

(3) 积极吸纳国内外历史研究的新成果，体现历史学科发展的新水平。

关注学术研究动态，吸纳新的研究成果，不断更新知识，开拓视野，活跃史学思维，这是一个历史教师应该具备的品质。苏霍姆林斯基说："在每个人的内心深处，都希望成为探索者、研究者。"适当在课堂里提供一些史学界的新观点，可以使学生感知史学研究的发展，史学观念的变化和独立思考的重要性，可以推动研究性学习的开展。历史教学不是直接用新观念来武装学生，而是培养学生用时代的观念来理解历史。比如：教师在教学实践中可以尝试让学生依据材料对重大历史事件或重要历史人物发表自己的看法（初步评价），要求从"时代特征"与"社会地位"等视角分析问题，评价历史事件与人物。

案例3：对李鸿章这样一个历史人物的评价，过去通常认为他是一个"出卖民族利益的卖国贼"或是"镇压太平天国的刽子手"，在组织学生评价李鸿章时，可以提供一些不同的观点：

知西来大势，识外国文明，想效法自强，有卓越的眼光和敏捷的手腕。

——日本学者

以文人来说，他是卓越的；以军人来说，他在重要的战役中为国家做了有价值的贡献；以从政来说，他为这个地球上最古老、人口最多的国家的人民提供了公认的优良设施；以一个外交家来说，他的成就使他成为外交史上名列前茅的人。但他生不逢时，他个人的悲剧也是当时与他一样有着抱负的精英分子的悲剧，更是中国的悲剧。

——美国学者

吾敬李鸿章之才,吾惜李鸿章之识,吾悲李鸿章之遇。

——梁启超

在外国人眼中,在中国学者眼中,在中国国民眼中,李鸿章的形象居然是如此大相径庭,究竟李鸿章是什么样的人?通过这些材料为学生创设一个新的思维情境,就能触及学生思维的兴奋点,从而引发议论,学生或认同或否定,或提出自己的看法,这样围绕对李鸿章的评价,学生之间,学生和教师之间肯定会展开论战。那么,如何以多元性和发展性看待历史人物在争论中学生就领会了。这个案例问题本身学生感兴趣,但学生现有的知识无法很好地完成任务,需要借助新的知识来完成,于是产生学习动机,问题的最后解决还依靠了学生的综合素质和能力。创设挑战学生思维能力的问题情境,可以最大程度地激活学生思维,增强学生的自信心。

让我们的课堂与生活接轨,让我们的课堂成为学生实践的主阵地,让学生在这阵地中快乐学习,让学生真正成为学习的主人。

四、用材料(史料)对话教学,好课堂应该是激疑和质疑的

用科学的教学方法和教育途径,在传授知识的同时注重学科教育对学生创造性的培养,强调高层次的创造性人格特点和创造性思维的培养,需要将各种现代教学思想的精髓如"发现法"、"非指导性"、"合作教育"等教学策略灵活地用于自己的教学中。因此先让苏霍姆林斯基、陶行知、布鲁纳等人当我们的老师,或者以身边的优秀教师为师,虚心学习吧。

课堂教学除了认真"备学生",教学内容贴近生活,教学过程体现探究外,教学方法采用材料(史料)对话教学,通过展示材料(史料),层层设问,以教学悬念激发学生的动机,启迪学生的思维,实现师生与生生间的思维互动。悬念呈现方式是通过展示材料(史料),提出有探究价值的"问题"对学生进行激疑,因为疑能生思,思维的火花常常是在激疑的过程中被点燃的;因为疑能生智,人的智慧常常在解决"疑问"中得到增长。

历史教学中,对话是师生以教学资源为中介的互动过程,也包含与文本等各种资

源的对话,历史教科书是师生对话的"文本材料",如何让师生面对一个广泛而深邃的以往世界展开有效对话,史料是最有效的对话媒介。这是由历史学科的特点决定的,历史研究主要是依据史料进行的,史料包括文字和图片资料、实物、遗迹、音像等。新教材不仅在课文中引述了大量史料(主要是文字和图片),而且还进一步增设了课后的《史海拾贝》等栏目,要求学生对历史资料加以分析和比较。

历史教学是教师教和学生学的统一,实质是一种交往。课堂上的"对话"是以师生之间相互尊重、相互理解、相互信任和平等交往为基础的,双方互相倾听和言说,彼此敞开自己的精神世界,从而获得精神的交流,意义和价值的分享。"对话"是教师与学生之间的一种"共享",是师生共享知识、共享经验、共享智慧、共享人生的意义与价值的过程。《初中历史新课程标准(2011年版)》提倡交往,目的是要重建人道的、和谐的、民主的、平等的师生关系。材料(史料)对话教学有利于学生对问题进行创造性的探索,也能使学生感受人文学科研究过程的开放性。

师生在有限的时空内,围绕对话主题,依托对话材料,进行教学对话。课堂教学的基本程序是:创设问题情境——提供历史资料——自主探究发现——合作交流总结。

(1)用材料(史料)创设对话情境用于课堂导入。

案例4:《甲午战争》一课的教学,采用材料(史料)导入,先用李鸿章和伊藤博文的对联和两人的照片:

"内无相,外无将,不得已玉帛相将。"

——伊藤博文

"天难度,地难量,这才是帝王度量。"

——李鸿章

教师提出问题:对联反映了当时清政府的什么状况?"玉帛相将"是什么意思? 生:指清朝无能,军事上又战败,"玉帛相将"指的是清朝在甲午战争中战败,只能割地赔款。

师:为什么在甲午战争中,清政府落得如此惨败的结局?

学生思考、讨论、回答。

以图片、视频等材料为师生间的对话创设丰富、逼真的情境,师生再围绕情境进行对话,往往能点燃学生思维的火花,激发学生的创造灵感,培养学生的创新精神和品质。总之,当学生通过各种情境"神"入历史,感受或了解了种种历史事件或观点后,才会有话可说、有话要说。

(2) 用材料(史料)对话,可以做到"论从史出"。

历史教学引入探究性学习,就是让学生接触教材以外众多的史籍、文献和实物等史料,学会收集、鉴别、判断、分析和解释史料,弄清历史事件和现象是如何发生的,是如何影响其他历史事件的,教材的结论是如何得出的,并初步分辨出哪些文献和证据是可信的等等,初步掌握学习和认识历史的方法,积累探究历史的经验,促成历史学科能力的发展。

比如评价历史事件或历史人物,可以把不同的史料放在一起进行对比,这是材料(史料)对话教学中常用的一种形式。

案例5:对隋朝大运河的评价,可以引入后人对大运河的不同评说。

千里长河一旦开,亡隋波浪九天来。锦帆未落干戈起,惆怅龙舟更不回。

——胡曾《汴水》

汴水通淮利最多,生人为害亦相和。东南四十三州地,取尽膏脂是此河。

——李敬之《汴河直进船》

尽道隋亡为此河,至今千里赖通波。若无水殿龙舟事,共禹论功不较多。

——皮日休《汴河怀古》

帝业兴亡世几重,风流犹自说遗踪。但求死看扬州月,不愿生归驾九龙。

——宗元鼎《渔洋诗话·炀帝冢》

学生解读、讨论材料,然后师生对话。

师:统一后的隋朝使大运河能够开通,大运河的修建是不是一件好事?

学生分析材料(史料),结合所学知识提出自己的观点。有的说是一件好事,有的说不是一件好事,有的说应一分为二地看大运河。……

师:隋朝仅37年就灭亡了,是大运河造成的吗?(引导学生讨论国家的兴衰和巨大建筑工程的关系。)为什么皮日休说"尽道隋亡为此河"?

生:有很大的关系,因为隋炀帝利用大运河三次巡游江都,奢侈、腐败,使人心尽失。

生:有关系,因为修建大运河加重了人民的徭役负担,弄得民不聊生,使人民怨声载道。

……

师：巨大建筑工程的修建，对国家发展是有利，还是使国家走向危机，取决于统治者对工程的使用，开通大运河已经耗费了大量的人力、物力，本应该休养生息，减轻徭役赋税，但在隋炀帝的眼中，大运河是用来满足他巡游亭乐的……从中我们可以看出隋朝灭亡的根本原因是什么？

生：隋炀帝的暴政。

在对材料（史料）进行探究的过程中，可以使学生掌握一些学史、治史的基本方法，掌握一些历史理论和观念。如：对鸦片战争和义和团运动评价的教学中，可以引入不同视角的史料，让学生了解不同的历史观对同一历史事件的评价往往是不同的甚至相反的。

（3）用材料（史料）在细节上体现对话教学的生动。

历史知识是综合的、多样性的。从时间上看，上下五千年，贯穿古代、近代、现代；从空间上看，纵横五洲四海，涉及世界各个国家各个地区；从内容上看，包罗万象，涵盖了政治、经济、军事、民族关系、对外交往、科技文化、社会生活、风俗民情等各个领域。而历史教材所反映的内容仅仅是书山一角，沧海一粟。因此，在对话教学中，如果仅仅围绕教科书进行探究，那不过是对教科书的解读，很难使学生真正面对历史的多样性和复杂性，要归还历史多姿多彩的本来面目，需要在对话中补充大量生动详实的材料（史料），为学生提供宽广的探究天地和思维空间。

案例6：分析鸦片战争时，只是把国际、国内背景等分析一下，然后得出结论：中国"落后就要挨打"这一结论，学生是不能真正理解这场战争的。再补充马克思在《鸦片贸易》中的一段话：

中国皇帝为了制止自己臣民的自杀行为，既禁止外国人输入这种毒品，又禁止中国人吸食这种毒品，而东印度公司却迅速地在印度种植鸦片以及向中国私卖鸦片变成自己财政系统的不可分割的部分。半野蛮人维护道德原则，而文明人却以发财的原则来对抗。一个人口几乎占人类三分之一的幅员广大的帝国，不顾时势，依然安于现状，由于被强力排斥于世界联系的体系之外而孤立无依，因此竭力以天朝尽善尽美的幻想来欺骗自己，这样一个帝国终于要在这样一场殊死的决斗中死去。在这场决斗中,陈腐世界的代表是基于道义原则,而最现代社会的代表却是为了获得贱买贵卖的特权——这的确是一种悲剧,甚至诗人的幻想也永远不敢创造出这种离奇的悲剧题材。"

然后提问:马克思这段话揭示了鸦片战争怎样的深刻内涵?围绕这则材料通过师生之间的对话,就能使学生真正感知历史中"文明、非正义"与"落后、正义"这对矛盾之间的交错与统一。

几个值得关注的问题:

(1) 材料(史料)的考证和史实的罗列是感性层面的初步认识,是在记忆水平上进行直接的判断,识别真伪、对错或是非。要鼓励学生分析材料(史料)内容,引出推论,说明自己的观点,以及支持此观点的证据,不是简单重复或摘要材料(史料)的内容。

(2) 文物是物化的历史,它为后人留下了丰富的历史信息。材料(史料)对话教学是能给学生创设发现问题、提出问题的舞台,使学生形成问题意识。把对话主动权交给学生,让学生尝试用历史的眼光去发现材料(史料)中的问题,用科学的方式加以处理。或者让学生对与教材相同性质、深度的课外材料用已有的知识和研究方法独立地加以整理、提炼和解释,对各种观点展开探究、辩论,或进行扩散性思考,解释其中的差异,形成自己的推演,得出自己的结论。

(3) 在以材料(史料)为中介的对话教学中,如何正确引导学生认识这些材料(史料),如何在鉴别中得出对历史的科学解释,这是一个值得关注的问题。要纠正学生对材料(史料)的"误读",对一个历史史实,尽管可以有不同的理解,但是这些理解不能脱离史学研究的基本框架,要遵循史学研究规范。

总之,教育教学过程是一种矛盾着的师生互动过程。回归主体、发展主体是师生共同的目标。在回归主体、发展主体的过程中,师生两代人的素质都必将得到升华!

新课程课堂教学需要我们教师不断学习,将学习作为自己的第一需要;需要我们不断反思,将反思作为自己必修课;需要我们不断关注细节,将细节作为一个成功教师的基本视角;需要我们不断提升实效,将实效作为自己教学的落脚点。

教学案例

1. 让"评价标准"成为教学工具

案例背景

2008年3月参与哈佛"为理解的教学"二期培训，TFU2课程给教师提供了更多机会对教学实践进行重复循环的探索和分析，为理解而教学是无止境的，教学方法的探究过程没有终点，只有教师不断完善、朝着自己的目标努力。我把"**使用评价标准来促进思考和理解**"用于拓展型探究课"上海的昨天、今天和明天"的实践中。

案例描述

十个小时的综合文科学习实践活动是学生主体参与探索上海的衣、食、住、行的变迁，学生依据兴趣分为四大组，即服饰篇、饮食篇、建筑篇、交通篇。衣、食、住、行的变化是被物化的记忆，"记忆"是被积累的文化，一个城市的文化既是她的历史与文明，又是她的气度与胸怀，学生从记载着上海成长的物化"记忆"里，产生对上海的认同感和自豪感，提升人文素养，为树立正确的人生观打下良好的基础。培养和发展学生的探索意识、态度和创新能力，此过程中师生关系发展为伙伴式合作学习关系。

依据以上课程概述，在第一课时学生自由分组，阅读书面活动建议、案例参考和评价表。评价反馈表注重过程评价和多维度评价（自评、互评、师评），提倡主体参与、合作学习、体验成功、差异发展，重视学生在学习过程中所表现出来的学习态度和运用的学习方法和能力，重视学生在亲身参与探索性实践活动中所获得的感悟和体验。尽管评价表与传统课堂教学评价模式（关注教师的行为表现，忽视学生参与学习过程）相比已经有了质的飞跃，是建立了"以学论教"的发展性课堂教学评价新体系，评价重过程、重发展、重个性特长和创新思维能力的培养，重心更多的是关注学生学习活动的过程，关注学生在学习活动中的状态（附"反馈与评价表"）。

但是，学习哈佛课程后，笔者进一步认识到：教学活动的本质就是学生的学习活动，必须用评价标准来促进学生的有效"活动"，即对学生合作探究的实践作品制定等第评价表，师生共同制订、修改评价标准，评价标准就是在完成作品过程中给学生提供作品完成情况的反馈，并对最后的作品评价标准给出详细的等第，评价标准的等第就是评价标准的两个基本组成部分——标准和质量评分机制，即用词汇来描述三种层次的水平。制定与修改拓展型探究课"上海的昨天、今天和明天"的学生作品等第评价表过程中，学生能很清楚地理解第一层次是每个人都想达到的，而第三层次是大家都想避免的（附"学生作品等第评价表"）。

附："上海的昨天、今天和明天"

反馈与评价表

注重过程评价和学生自我评价、多维度评价（自评、互评、师评）。

自评（学生成为评价主体）	互评（小组互评）	师评（效果评价）	综合考评
1. 态度（活动过程中评价）。 合作精神、科学态度。 2. 行为表现（以活动记录反映）。 自主参与、乐于探究。 3. 方法、技能掌握情况（各环节中水平评价）。 整理与归纳信息，对资料归类、分析，恰当利用信息。 4. 创新精神与实践能力的发展情况（过程中比较）。 (1) 自主发现和提出问题； (2) 收集和分析资料； (3) 实地调查研究； (4) 成果交流活动。	使用《反馈梯表》 1. 澄清有疑问的地方； 2. 肯定其价值； 3. 提出潜在（存在）的问题； 4. 提出改进建议。	持续性评价 1. 课堂即时评价，着眼学习过程； 2. 评价内容开放多元； 3. 评价方式多样化（口头表扬、奖励制度、共同参与）； 4. 作品分类评价：非正式的讨论、辩论和正式的专题小报、课件。	综合评定，即正式评价，定量和定性（等级和评语）结合。评价功能侧重学生的发展，教师的激励导向。

学生作品等第评价表

班级：　　　姓名：

	真棒	真不错	还行
情感态度体验	能将网络和图书里收集到的资料围绕主题归纳、整合、总结，提出个人见解，展示收集成果，共同分享感受，体现出整理信息的能力。	能将网络和图书里收集到的资料进行归纳、整合、处理，展示收集成果，体现出一定的整理信息能力。	将网络和图书里收集到的资料全部进行堆积，展示堆集成果，不能体现出整理信息的能力。
知识技能	作品图文并茂，展示描述十分准确、恰当，分析影响能体现出对学习内容的深刻理解，有独到见解。	作品图文并茂，展示描述基本准确、恰当，分析影响仅是体现出对学习内容的理解。	作品图文单一，展示描述不十分准确、恰当，分析影响没有体现出对学习内容的理解。
过程方法	能结合自己的生活经验对照网上或图书资料、实地考察所得，进行恰当比较、联系，由兴趣到分析思考，再用理论验证自己发现的结论，有创新。	能结合生活经验对照网上或图书资料、实地考察所得，进行比较、联系，只是由兴趣制作作品，没有创新。	能结合生活经验对照网上或图书资料，由兴趣制作作品。

说明：评价符号画★，真棒画☆☆☆，真不错画☆☆，还行画☆。

案例分析

（1）在制定与修改探究课"上海的昨天、今天和明天"的学生作品等第评价表时，学生越来越明确什么样的作品是最棒最完美的，虽然评价标准很多也很重要，但是理解起来并不难，初看一眼就能明白，在视觉上很容易接受，而且表述精确，容易消化，便于使用和解释，能帮助学生在自我评价时考虑更周全，也使老师能清楚地表达对学生的期望。

（2）等第评价标准不仅告诉学生作品中必须表现出思考后的感悟和体验，同时，也引导学生如何做到（或没有做到）这点，使评价标准在评价的同时，成为帮助学生学习的工具，评估表的量化细则使学生的实践活动有针对性（与理解目标紧密联系），也帮助学生形成良好的思考习惯。

（3）评价标准公开（班上每位学生都知道并理解），也有助于激励和改善学生的思考技能，学生提出有价值的反馈信息，支持了伙伴的学习、思考和理解，也加强了自我的规范和自我的反思。

  总之，我发现具体适度的等第评价表使用方便，不仅有助于加深理解、促进师生有效思考，还澄清了教师对学生的期望和教学目的。

  注：本文刊登于 2009 年 6 月《静安教育》编辑出版的《"为理解的教学"在静安》(第 118—120 页)。

教学案例

2. 由学生反馈想到

案例背景

新课程强调,教师与学生都是课程的创造者和主体,在教学中构造以学生为主体师生互动的课堂,解放学生的思想让他们真正地去按自己的意志思考,培养学生的创新意识和实践能力。要做到这些,教师必须应用教育学、心理学和新课程理念为自己的思想指南,改变思想观念,研究教材,研究学生,这样才能彻底地转变自己传统的教学方式。

静安区与哈佛合作的"为理解的教学"网络培训,教会我一种新的课程设计理念,并提供了怎样更新理念和变革操作的工具,比如《反馈梯表》,它由四部分组成:1.澄清有疑问的地方;2.肯定价值;3.提出潜在问题;4.提出改进建议。

而理念只是指导,与实际融合更重要,我在八年级的《新航路开辟》一课用两课时完成,尝试使用《反馈梯表》。

案例描述

《新航路开辟》是人类文明史由区域向全球历史演变的开始,整个世界日益紧密联系为一个有机整体,而这一重大历史事件的主体是具有坚毅勇敢、百折不回、进取精神的航海家,因为初中生的思维、认知具有很强的形象性,他们最容易被生动的历史人物所感动,本课设计先围绕四位航海家的故事理清新航路开辟的原因、条件、过程和结果,再培养学生依据材料初步评价历史人物的能力。

列举2006年哥伦布逝世500周年各地的纪念活动,向学生提问为什么不同地区的人们对哥伦布会有如此截然不同的评价?通过对麦哲伦双面碑的分析,如果为哥伦布树一块纪念碑,该如何设计？在碑文上写什么呢？该把碑树在哪里呢？虽然几百年来对哥伦布功过是非的争论一直未曾停息,但今天学了《新航路开辟》,相信你会有你的评价,试着把你对哥伦布的评价反映在碑文上。

分析航海家所表现出来的坚毅勇敢、百折不回以及唯利是图、残酷掠夺的两重性,这是考验学生评价历史人物和运用已掌握的知识进行发散思维的活动。活动结束之后,再请学生使用《反馈梯表》对这一活动提出建议,比如他们提出：(1)可以设计更多航海家的碑文,自己选择。(2)希望不拘泥于形式能有自己的想法,在黑板上贴一张面像,一面代表善,一面代表恶,让有想法的同学上黑板在相应位置写下自己的观点,然后结合所有观点进行小组讨论。(3)可以自由选择四位航海家中的一个,改成写小传,有广泛思考空间。(4)把题目改成辩论,不必太正式、古板,分组收集史料以正反方引发争论,让每个人都有表达自己看法的机会,加强合作。(5)减少文字,游戏出现可以增添乐趣。(6)呈现方式可以是两块碑,麦哲伦的碑有文字,哥伦布的碑没有文字,最好给出清晰的格式或举例说明。(7)可以设计双面形象的雕塑,一面是英俊的哥伦布,一面是丑陋的哥伦布。

案例分析

(1) 培养学生探究和实践能力需要活动生成。《初中历史新课程标准(2011年版)》倡导教学形式和学习方式的多样化,如课堂讨论、绘制图表、故事会、辩论会、报告会、调查、参观、访问等让学生动手动脑去实践、去探究的学习活动,还学生快乐的学习时光,体现对学生情感体验的关注。

(2) 使用思考活动使思维过程变得可见。因为教学对象是初中生,要使深奥的知识深入浅出,就以实践性强的活动为平台构建体验情境,对于学生而言,没有亲身体验,教育者的观点和结论就是没有生命力的教条。

(3) 提高课堂效能必须激起并吸引学生的好奇心,活动先考虑学生学习兴趣、好奇、探究欲望是否增长,注重有效性、参与性和差异性,"策略"地激发学生学习动机,引导学生参与对学习内容的思考,并避免做出非此即彼的简单结论。

(4) 鲜活的历史人物最具情趣、也最具吸引力——尤其在初中阶段最为明显,应充分强化"人"的教育功能。历史是由人的活动构成的,杰出的历史人物代表了当时社会发展的前进方向和时代潮流,他们的行为体现了各民族的人文理想、民族精神、优秀文化积淀和历史良知。人教社王宏志说:"我以为未来的历史教科书里应当写入更多的历史人物,而且,要写得求实、形象、生动、有血有肉。"历史人物的活动往往散发着人类的智慧,包涵了人文精神,叙述人物活动可再现人物图像,相得益彰,能够共同完成人文精神的内化。

(5) 活动中鼓励学生用自己喜欢的方式表达、思考问题和解决问题,支持学生的个性化发展。学生是开放性的、创造性的存在,他们作为一种活生生的力量,带着自己的知识、经验、思考、灵感、兴趣参与课堂活动,可以使课堂教学呈现出更多丰富性、多变性、复杂性和个性化。正如叶澜教授所说:"在教学过程中,教师不仅要把学生看作对象、主体,还要看作是教学资源的重要构成和生成者。"

(6) 使用"反馈梯表",征询学生意见的过程也是赢得学生理解的过程,要培养学生的积极情感,就要把"微笑、尊重、宽容、民主、探究、合作"带进课堂——即"六进课堂",引导教师增强自我理解与对学生的理解。

总之,学无常法,教无定法,教学方法不一而足,具体怎么操作,采取什么样的教学方式,因人而异,因学生的具体情况而论,始终牢记用教育学、心理学、新课程理念来指导行动,实现思想观念的解放,完成新课程赋予的历史使命。

案例点评

注重反馈的实质是了解学生,只有充分了解了学生,了解了学生的知识结构、兴趣爱好、思维层次和思维习惯,才能真正地做到以学生发展为本。本案例通过《反馈梯表》来了解学生,将国际先进的教学理念引进课堂,值得肯定。如果案例能充分将学生的反馈意思呈现出来,根据学生的反馈来采取相应措施,并分析这些措施的明显的效果,案例将会更完善。(左卫星)

注:本文刊登于2008年《静安教育》编辑出版的《八年级新课程实施案例——课堂教学中三维目标的落实》,第120—122页。

教学案例

3. 创意·激活·挖掘·关注
——从造纸术的调整看怎么"用"历史新教材

案例背景

新的历史课程标准要求教师更多地从"教教材"转变为"用教材",那么,应该怎样正确地创造性地使用教材呢?

"创造性处理教材"是指教师在充分了解和把握课标要求、教材特点、学生学情和可利用教育资源的基础上,对教材进行增删、重组和包装的艺术处理过程,目的是增强教材的情趣性、生活性,使教学内容更有利于学生的学习,更有利于学生的发展。

历史学科的特点决定了历史事件往往离学生的生活年代较远,常常让学生感到枯燥无味。所以只有把历史与现实、历史与学生本身结合起来,才可能激发学生对历史的兴趣。那么,怎样调动和激发学生学习历史的兴趣呢?闻名世界的"四大发明"有口皆碑,也是我国成为世界文明古国的重要标志,充分利用学生的旧知结构,采用直观教学的手段,引导学生的思考从感性了解走向理性思考。

案例描述

"一期课改"历史教材强调时间体系,把"造纸术"放在秦汉时期的文化科学技术一节,把"活字印刷术、指南针、火药"放在宋元时期的文化科学技术一节;"二期课改"历史新教材从教学层面上已打破历史学科的王朝体系,因而,我把中国古代史部分第三单元《科学技术的发展》(华师大版教材)"造纸术"放到第五单元《三大发明的进步与传播》这一节,改课题为《四大发明的进步与传播》(而且我发现人教社初中历史新教材在第八单元《科学技术》有"四大发明"一节)。我这样设计基于三点考虑:

(1) 珍视学生已有的个人知识和原始概念。学生有一定的历史观点和学习历史的方法,对中国古代四大发明已有较浅的感知,但是还未构成知识体系的完整性,缺乏综合运用所学知识的能力,特别是复杂的发明过程和现实意义,"四大发明"一词更能激活学生原有的经验和知识,依据建构主义教学理论,从学生的旧知和已知领域出发,引导学生的学习向未知的新领域进发,以最终达到在新知与旧知基础上的知识结构重组。中学历史课堂教学的主要特征之一是思维化,它的模式是已知——未知——新知。四大发明进步与传播的过程分析可以由师生对话示范"造纸术"一目:从竹木简、帛到东汉蔡伦总结西汉的麻质纤维造纸经验,改进造纸术,然后讲造纸术的外传情况,再联系今天现代生活离不开纸张,更出现计算机这样的新媒体等。以后三目学生可依据这种思路由生生对话完成。课堂上教师致力于组织讨论和提醒学生选择解决问题的策略。课程调整可以利用学生既有的历史知识构架:中国四大发明,最终是让学生了解社会,认识社会,以适应社会的发展和需要。

(2) 教学内容"贴近学生生活、贴近社会",就是从当今社会和学生的生活中,捕捉与历史教学内容密切相关的现象、情境或者问题,进行教学设计,引导学生积极主动地探索历史、了解历史。中国古代科技曾经一直走在世界的前列。由于造纸术的发明、改进,纸在社会生活中广泛使用,使信息的记录、存储、传播与继承有了革命性的进步;大约从战国到明清时期,指南针制造技术不断提高,涌现出各种指南针。它们对军事事件和经济生活有着特别重要的作用,为远洋航行和新航路的开辟创造了条件;火药的发明和各种火药武器的问世,使中国拥有了当时世界上最先进的武器;毕昇发明的活字印刷术,推进了文化传播和欧洲社会的进步。由于我国的封建专制制度的阻碍和古代科学思想的特征,中国古代科技没有发挥出更多的经济和社会效益。按照这样的设计思路,提出一些贴近社会现实的问题:①想一想,印刷术在技术上的不断改进带给我们什么启示?现代印刷手段有哪些?印刷术未来会有什么发展?②指南针除了用于航海,还可用于其他什么方面?③元朝书法家赵孟頫的诗句描绘了火药的另一功用,那是什么呢?你还能说出火药的其他用途吗?火药不仅用于战争中,在和平建设时期仍有很大用途,说一说。

(3) 当代教育对历史教师的创新能力提出了更高的要求。接受了新理念应转化为教学行为，新的历史教材赋予教学相对开放的自由空间，于是，从学生的接受和习惯出发，调整教材，创造性地活用教材。造纸术、印刷术、指南针、火药的发明与传播是教学的重点。但教学安排不能面面俱到，而是有所侧重。其中造纸术、印刷术篇幅较大，是教学的重中之重。关于造纸术，围绕纸的发明分成两大部分：没有纸和纸发明后，两部分对比鲜明，突出了纸张作为书写材料的长处，强调了进步；其中又明确指出蔡伦改进造纸术。而印刷术的发明则先强调毕昇是平民，充分说明印刷术的发明是劳动人民在长期劳动中不断创新实践的结果，同时又具体叙述毕昇发明活字印刷的过程和以后不断的改进。这两部分表明了活字印刷术推动社会的进步，体现了中华民族的创造性。对指南针发明的叙述突出其是我国人民集体智慧的结晶，而指南针和火药的传播，则再次表明四大发明对于社会进步的积极作用。

案例反思

(1) 传统历史教学重在追求科学体系的完整性、逻辑性，而忽视了人本身。对教材的钻研与挖掘，最终的落脚点是学生，一切都围绕学生的自主学习、主动学习展开，引起学生对历史的兴趣和学习需要。我把教材不是同一章节的知识内容，通过加工、重组放在一节课中来学习，打破了教材单元之间限制的局限性。以中华儿女引以为豪，改变世界面貌的四项科学技术的发明为主线，直观、具体地展现了我国古代科学技术的领先地位，有利于树立学生的民族自信心，激发学生的民族自豪感。

(2) 为学生合理的学习活动提供空间和时间。初中历史教材是通史，教学内容只能是历史的框架知识，"骨感有余，丰满不足"，不能展现历史学科本身的迷人魅力。教科书多是简单而带结论性的叙述，缺乏相应的历史资料，在探究学习中，不是教科书的现成结论简单重复，更不是没有史实依据的空谈，需要引入大量的具体史料，以"动人的细节"体现历史的丰富生动，引起学生的兴趣，但课堂教学中，时间是重要的学习资源，教学中要有详有略，详略得当，时刻把握重点，合理分配时间，又因为内容久远，时间跨度大，所以更要注意授课的直观性、情境性。

(3) 一堂历史课，如果有个好的开端，能抓住学生求知的心理，激发学习的兴趣，一上课就把学生的心紧紧拴住,使他们怀着期待更积极地投入到新课内容的学习中。比如用问题"中国有着五千年的历史,同学们能列出我国作为文明古国的标志吗?"导入。

案例点评

教材是用于教学的材料,它是严谨的但并不神圣。本文案例中对教材的内容进行重构,将四大发明重组,给了学生一个完整的知识框架,这是本案例的成功之处。如果能够挖掘教材调整与不调整的效果差异,并分析形成差异的原因,将能为未来的课程开发积累更丰富的经验。(左为星)

教学案例

4. 怎么使用历史教材的图片

案例背景

图像证史是历史研究的新方法,图像是历史的遗留,同时也记录着历史,是解读历史的重要证据,图像史料中有动态的画面,也有静态的图片,从图像中,我们不仅能看到过去的影像,更能通过对这些影像的解读探索它们背后潜藏着的信息。教学中运用的图像资料是多样的,地图、绘画、照片、电影、录像等都可以涉及,可以充分发掘静态图片史料中隐含的深层信息,使静态的图片史料折射出动态的信息,再结合文字史料进行教学,可以做到既注意当时的证据,又注意后代的传述,乃至当代史学的观点。比如以"议"为核心的后"茶馆"教学,可以充分利用历史教材图片从如何发现"新史料"和提出"新问题"的独特视角挖掘图像的内涵精神,这样有利于学生的历史情感教育,也有利于培养学生历史思维能力和人文主义精神。

案例描述

最近教学《中国历史》(华东师大版)上册第 14 课"繁盛的经济"第二目长安城,笔者就充分利用教材第 85—87 页和第 97 页的图片,以图像证史的方法请学生发现一些历史信息,找到一些证明依据,现摘录部分教学片段:

片段一:(师)唐长安城(隋称大兴城),是隋文帝君臣建立的中国古代最宏伟的都城,体现了其统一天下、长治久安的愿望,宇文恺设计长安城格局,城池在规划过程中融入天时、地利与人和的思想观念,面积达 84 平方千米,是汉长安城的 2.4 倍,明清北京城的 1.4 倍。可以比较世博园占地面积 5.28 平方千米,静安区占地面积8平方千米,昨天去过的宝钢占地面积23平方千米。

……

(师)你能结合唐长安城的平面图,描述长安城的城市格局吗?

百千家似围棋局,十二街如种菜畦。

——摘自白居易《登观音台望城》

迢迢青槐街,

相去八九坊。——摘自白居易《寄张十八》

归纳:唐代长安城的城市格局:规划整齐,中轴对称,街道笔直如棋盘;布局合理,坊、市分离,中央官署与民居、商业区分开。

……

片段二:(师)都城的格局和占地面积反映了都市人口容量大小与城市生活的丰简,请看PPT的归纳内容:

体现唐代文明和国际地位的大都市

长安城
- 城市规模:占地面积84平方千米（8400多个附校）当时世界上规模最大的城市
- 人口组成:
  - 人口数量100万（同期伦敦人口的20倍）
  - 居民构成:本国居民、外国使节、商人、留学生、僧侣等
- 文化生活:
  - 外国饮食、歌舞、新颖的娱乐活动
  - 妇女骑马乘车,社会活动活跃

(师)图片有时比文字记录来得更加真实、直观,图像可视可见,教材第85—87页有许多体现长安城时代风貌的图片、文字,对照PPT文字内容,用图像证史的研究方法发现一些历史信息,找到一些证明依据,它们说明什么?

(生1)《唐西域人骑驼陶俑》说明长安城有许多外国商人。

(生2)《彩绘骑马狩猎俑》说明唐朝妇女地位高,可以骑马乘车,社会活动活跃。

(师)请大家看教材P97的《虢国夫人游春图》。

《宫乐图》局部图(收藏于台北故宫博物院)。

两幅绘画都是反映唐朝宫廷生活图景,你还能寻找到什么历史信息?

(生3)巨型方桌边的人,有的在品茗,有的在行酒令,还有吹奏乐器的……

(生4)《敦煌壁画:胡旋舞》说明唐朝流行的歌舞是胡旋舞。

(师)非常好,唐朝注意吸收外来文化,胡旋舞是唐代著名健舞,原为中亚一带的民间舞。

(生5)《打马球壁画》说明马球是唐朝的新颖娱乐活动。

(师)冯小刚导演的电影《夜宴》以五代十国宫廷生活为背景,其中有一段葛优和章子怡打马球的戏,虽然只有短短的几分钟,也可以看出马球在宫廷中的盛行,马球源于波斯,唐太宗时经中亚、西域传入内地。

（生6）《唐卷发人俑》唐朝的陶俑有外国人的形象说明唐朝外国人多，是国际大都市。

（师）当时留居长安城的外国人数以万计，是什么吸引了他们留居长安？

（生7）长安城文化生活丰富。

（生8）长安流行外国饮食，受外来影响多，比如盛行吃"胡饼"，又有从波斯传来的葡萄酒等等。

（师）《礼宾图》中的人物穿着如何？观察左面三位的衣着有什么特点？

……

（师）唐朝负责接待外宾的称"鸿胪寺卿"。

你可以试一试从教材图片中提出问题或研究的视角吗？

……

（师）长安城的下水道铁滤网图片能证明什么？按照学习过的三种史料类型，它属于什么史料？

（生9）实物史料，证明长安城排水系统发达……

（生10）长安城科技领先……

(师)与欧洲中世纪城市比较,他们经常发生瘟疫……

(生11)因为街道上污水横流……

(师)对,而百万人口的大城市长安历史上没有记载过发生大的流行病,因为全城街道两旁都有排水沟,栽种槐树(从前面白居易《寄张十八》诗句可知)。

唐玄宗作曲的《霓裳羽衣曲》是中印文化融合的产物。唐代长安广泛地与中外和国内各民族文化进行大交流,使唐代的文化居于当时世界的前列。

你还可以从教材文字和图片中寻找到彰显唐朝"开放、大气"时代风貌的证据吗?

……

(师)由此课的学习,我们可以体验到:盛唐从习俗风尚到思想文化都体现出胡汉交融和中西贯通的特点,展示了博大开放、汇纳百川与充满创新活力的时代精神。

课后记

此课在四个班级上过,不同班级学生发现图片的顺序不同,回答也不尽相同,但学生的积极性、兴趣度都被调动起来,有班级学生还提及《说唐》中描述的击鼓收市等细节,其实,本课教学中学生的参与度和部分精彩发言远比我的记录更生动。

案例反思

1. 历史课堂教学要调动课堂气氛,活化历史课堂,充分发挥学生自身能力和特长,必须提供鲜活、生动的历史细节,这样符合初中学生的思维、认知的形象性特点。比如用形象、生动、直观的读图学史,教师引导学生从油画(图片)、影像、歌曲、诗化的语言情境等生动、直观的史料里提取表层(直接)信息还能挖掘部分隐含的深层(间接)信息,从中体验、感悟历史信息,提升透过现象看本质的思维能力。

2. 历史课堂教学要达到实效性必须使枯燥的文字变成生动具体的历史,必须尊重学生学习过程中的独特体验,需要教师创设情境鼓励学生自由地、创造性地、个性化地解决问题和理解文本,引导学生提出自己的个人理解,使学生获得基本历史知识和能力的同时,认知水平也逐渐由感性向理性过渡。

3. 图像史料有利于学生的情感教育。在当下由多媒体营造出的"读图时代",面对数量难以穷尽的图像,如何寻找真实的历史呢?因为很多历史情形并无任何文字记载,仅有各种图像留于后世,要想了解某一阶段的历史,就只有诉诸图像。此外,我们也不得不承认,即使是文字与图像并存,图像的作用也不可小视,有时会起到对文字的补充作用,有时则会比文字记录来得更加真实。图像可视可见,比其他媒体,如文字,能更直接、更准确地反映历史原貌,历史图像本身蕴含着丰富的政治的、经济的、军事的、文化的……信息"一幅画所说的话何止千言万语"。

4. 史学本身是不断发展的,新的材料不断涌现,新的观点也可说是层出不穷。比如课堂里拓展历史未解之谜,众多的考古发现,为我们解开了一个个尘封已久的谜团,然而,一个谜团的解开,往往带来了更多的未解之谜,留给后人无数考证和遐想的空间。教师在对图像史料的收集、整理、处理和运用过程中要有这种意识:历史不是绝对的,不是不能怀疑和更改的,而是一个开放的可供讨论的、可以不断更新延展的领域,因此,教师在教学中要使学生有这样的"认识":只要有新的材料出现,只要从新的视角观察,历史就会有与以往不同的解释,历史学也就是这样不断发展的,教学中对视觉材料进行分析,关注的重点并非这些图像本身,而是如何利用它们解读历史。

第二章

后"茶馆式"教学

  课堂是教师最艰辛、最幸福,也是最值得研究的地方!——张人利

  这句话摘自"小众型"对话教学研修记录本的扉页。后"茶馆式"的教学提出学生自己能学会的教师不教,也就是说课堂教什么、怎么教都应该取决于"学生"而非"教师",真正实现教学中学生的主体性,把课堂还给学生深度学习,学生对知识的自主建构和核心素养的培育才有可能实现。举例统编教材八年级《中国历史》第四册第三单元《中国特色社会主义道路》第11课"为实现中国梦而努力奋斗"解读"四个全面"战略布局的具体内容:全面建成小康社会,提问:什么是小康社会?学生回答用恩格尔系数衡量,回答的学生做了解释,也有学生用社会课的"生存消费、发展消费和享受消费"做解释,学生没有老式弄堂缺煤的生活经历,很难感知棚户区改造是全面建成小康社会、全面深化改革的表现,最初的教学设计方案在对话中被调整,针对学生的学习实际营造、捕捉学生的认知,引申出为学生洞开的思维之路,就是将学生作为自己教学的出发点,也是后"茶馆式"的教学展现的价值取向——关注学生。

  这个单元"中国特色社会主义道路"包含五课时,如何在课时教学中凸显本单元的内容主旨:理解改革开放和社会主义现代化的伟大征程,实现中华民族伟大复兴中国梦,这个现实抉择——中国共产党领导的中国特色社会主义道路是历史的传承与提升,通过问题引导学生将历史与现实相联系,让学生在现实中谈历史,在体验中看规律,在生活中悟变革。本单元的"为实现中国梦而努力奋斗"一课出示材料:

  实现中国梦必须走中国道路。这就是中国特色社会主义道路。这条道路来之不易,它是在改革开放30多年的伟大实践中走出来的,是在中华人民共和国成立60多年的持续探索中走出来的,是在对近代以来170多年中华民族发展历程的深刻总结中走出来的,是在对中华民族5000多年悠久文明的传承中走出来的,具有深厚的历史渊源和广泛的现实基础。中华民族是具有非凡创造力的民族,我们创造了伟大的中华文明,我们也能够继续拓展和走好适合中国国情的发展道

路。全国各族人民一定要增强对中国特色社会主义的理论自信、道路自信、制度自信,坚定不移沿着正确的中国道路奋勇前进。

——习近平在《第十二届全国人民代表大会第一次会议上的讲话》

依据材料,从"历史与现实"视角谈谈你对"实现中国梦必须走中国道路"的看法。

学生的历史解释能力有高低,完成度有差异,选择一位基础较好的学生的作业修改后做展示交流,成为学习资源。

清朝由"中兴四大名臣"为首发起的向西方国家学习技术的器物层面上的洋务运动,大规模引进西方先进的科学技术、兴办近代化军事工业和民用企业,主张"中体西用"来达成强国梦,但中日甲午海战中北洋水军的惨败象征着洋务运动的失败;1898年以康有为和梁启超为首的维新派人士又进行了戊戌变法,企图通过"君主立宪"的方式完成宪政梦,但始终只是为了维护大清帝国的统治,封建思想根深蒂固,最后还被慈禧太后等顽固派镇压;孙逸仙先生发动的辛亥革命①终结了中国两千年的封建帝制,想要完成共和梦,②这些向西方学习的旧民主主义革命都没有使中国富强,也没有改变中国半殖民地半封建的社会性质。中国共产党成立,毛泽东开辟井冈山革命道路,走适合中国国情的工农武装割据道路,这是有中国特色的革命道路,③建立起中华人民共和国,让中国站起来;以邓小平为核心的第二代领导集体,④实行改革开放,建设中国特色社会主义道路,使中国富起来;习近平第三代领导集体沿着邓小平理论的方向继续进行新时代中国特色的社会主义建设,使中国强起来,为实现"中国梦"努力奋斗。

后"茶馆式"的课堂尤其关注"对话",这就要求教师从备课开始时时刻刻关注学生的学(学生学的基础、学的能力、学的可能),关注学生学的过程(学的变化),让学生在正确的方向上走各自不同的路,激发学生学习历史的兴趣,引导学生积极主动地探索历史、了解历史,从历史中汲取养分,从而更好地理解当今世界,解答生活中遇到的实际问题,"对话"是教师与学生之间的共享,共享知识、共享经验、共享智慧的过程,对话也成为课堂的活力之源。

教学论文

3. 后"茶馆式"教学的设计及阐释

七年级《中国历史》上册（华东师大版）
第 15 课　民族团结与中外交流

内容分析

本课是七年级《历史》（上）第四单元《繁荣昌盛的隋唐文明》内容，本单元从政治、经济、关系、文化视角展示隋唐时代文明的繁荣昌盛，本课是唐朝制度史的重要部分。从文成公主入藏感知唐朝开明的民族政策，而遣唐使的交流是对周边国家的文明辐射，因此，本课"开放与交流"成为教学内容主旨，唐朝是如何处理与周边少数民族和邻邦的关系的呢？中原文明对周边文明又产生了怎样的影响呢？民族团结反映的是中原文明与周边少数民族文明的交流和碰撞，先进的中原文明同样影响着周边国家文明的发展，"遣唐使"和"鉴真东渡"两部分通过高僧到日本传教，日本留学生到中国学习儒家文化，表明唐朝对外开放，向海外弘扬中国文化。

所以，本课教学重点是唐朝开明的民族政策和开放的对外政策。

学情分析

学生已有基础：初步具有历史材料的收集、分析、整理能力，之前的史学思想方法模仿与迁移，学生基本可以区分三大类史料类型。

学生独立学习学得会：阅读教材获取有效信息，依据教材和教师提供的各类历史材料做收集、分析、整理，学生自主学习过程中感受和理解历史，解释历史现象，解答历史问题，掌握学习历史的方法。

学生需要合作学习才能达到的：进一步探索本课的教学立意，深刻认识唐朝的经济繁荣和国力强盛，是国家具有凝聚力和向心力的基础，增强民族自豪感；玄奘、鉴真等人热心于文化交流，成为中外交往的友好使节，其业绩值得后人景仰，用玄奘、鉴真等不畏艰险，出国远行，学习交流的事迹启发学生不怕困难险阻、勇于开拓以及对事业执着追求的精神。

所以，本课难点是如何感悟、理解国家只有强盛才有辐射力和吸引力。

教学目标

1. 知道唐朝民族政策、外交政策和文成公主入藏、遣唐使来华、鉴真东渡的史实和影响，理解唐朝对周边民族、国家强大吸引力的原因。

2. 学习观察历史地图，通过图文材料鉴别各类史料，训练"论从史出"的历史思维，增强归纳和综合分析的能力。

3. 通过文成公主、鉴真的事迹能够认同他（她）们身上的坚忍奉献、追求真理等高尚品质，感受他们崇高的人生观和价值观，通过唐蕃关系，理解民族关系对国家统一和稳定的意义，体会唐朝的文明感召力、辐射力，增强民族自豪感。

教学过程

环节1：读一读

学习内容：中华文明发展到唐代，其魅力已使海内外各邦心驰神往，同时大唐帝国以平等友爱的胸襟对待周边的少数民族，以开放热情的姿态欢迎周边国家……（背景音乐《青藏高原》歌曲）

学生活动：阅读、感知、回望1300多年前的历史，感受唐朝不愧是中国古代最辉煌灿烂的一个篇章。

教师帮助：用文字、音乐创设情境。

环节 2：读一读，议一议

学习内容： 教材内容和唐朝疆域地图，材料："自古皆贵中华，贱夷狄，朕独爱之如一。故其种落依朕如父母。"——唐太宗（投影文字、图片材料）。

学生活动： 观察动态地图，了解周边存在的少数民族政权，以文献材料和图片材料归纳出唐朝开明的民族政策。

教师帮助： 投影唐朝疆域图（动态地图），提问：说说在它周边存在着哪些少数民族政权？再补充图文材料，提问：唐朝如何处理与周边少数民族的关系呢？

环节 3：议一议，练一练

学习内容： 呈现《旧唐书》《资治通鉴》中的相关文字记载，材料：《步辇图》；西藏大昭寺内的文成公主入藏壁画；大昭寺文成公主塑像、大昭寺松赞干布塑像；大昭寺门前的唐蕃会盟碑；布达拉宫等（投影图片，也可看教材图片）；藏族民歌。

学生活动： 完成练习册上有关"文成公主入藏"一目的作业，从教材的各类史料：绘画、壁画、塑像以及补充的民歌、传说了解文成公主远嫁吐蕃的史实、影响，理解文成公主对藏族社会进步和唐蕃团结的贡献，藏族人民如此怀念和尊敬文成公主的原因。

教师帮助： 设计问题群：唐太宗为何选文成公主远嫁吐蕃？要想更深入地了解文成公主及唐蕃关系，除了文献史料，还可借助哪些形式的材料做进一步研究？从各种材料中你发现文成公主在藏族人心目中的地位如何？藏族人民为什么如此怀念和尊敬文成公主？

过渡： 中华文明发展到了唐朝，经济文化空前繁荣发达，成为东亚最强大的国家，声威远扬，其魅力已不仅仅吸引周边少数民族纷纷与之融合，更令当时海外各国心驰神往。

环节 4：读一读，议一议

学习内容： 材料：唐朝中外交通图（投影图片，也可看课本图片）。

学生活动： 观察唐朝中外交通图，归纳出唐朝开放的对外政策。

教师帮助： 提问：唐朝周边有哪些国家？补充：唐朝与数百个国家交往，交往形式多样，范围广，有宗教往来、文化交流、商贸交易、互派使者等交往特点。归纳：四通八达的交通为唐朝对外交往创造了条件。鼓励中外平等交往，尊重外国人员。

环节 5：读一读,议一议

学习内容：阅读教材概括遣唐使简况,阅读本宫泰彦《日中文化交流史》中的一段文字材料,理解冒着生命危险来学习借鉴唐朝政治、经济、文化的理由。

学生活动：感知遣唐使为日本文明的起飞奠定了厚实的基础,日本文化中深深地渗透着中华文明尤其是唐代文明的影子。

教师帮助：设问今天日本的文化和生活习俗中,有哪些中国文化的影子? 呈现中日文字、服饰、建筑等对比图。

环节 6：想一想,议一议

学习内容：文化交流是双向的,在日本官方大量派出遣唐使的同时,我国民间也有不少志士仁人东渡扶桑,讲经弘法,主动搭建起中日文化交流的桥梁。比如玄宗时期的高僧鉴真大师。补充鉴真事迹视频材料,以及郭沫若和日本人民对鉴真的文字评价。

学生活动：在点拨中归纳出鉴真实现诺言,对真理的坚定信念,对弘扬佛教的执著追求,坚忍不拔、战胜困难的勇气等品质;理解他促进了中日文化的交流。

教师帮助：设问通过故事与评价体会一下,鉴真身上最让你感动的是什么? 他在日本为什么受到如此崇高的礼遇?

环节 7：想一想,议一议

学习内容：启发思考唐朝民族政策及外交政策实施的影响。补充材料:史实一:盛世唐朝万国来朝,云集帝都长安。史实二:唐昭宗乾宁元年(公元 894 年),新任遣唐使菅原道真引用在唐学问僧中灌的报告而上奏天皇,以"大唐凋敝"、"海陆多阻"为由,建议停止派遣唐使。宇多天皇接受了这一建议,两国关系遂告中断。

学生活动：探究唐朝如此吸引周边少数民族和国家与之交往的原因,对比唐朝在强盛和衰败后的中日关系,可以得到的历史启示:一个国家只有强盛才有辐射力和吸引力,才可能得到别人的尊重乃至仰慕。一个国家,一个民族,只有强大、繁荣、安定,才能屹立于世界之林,宣和万邦。

教师帮助：设计问题你能否说说唐朝为什么如此吸引周边少数民族和国家与之交往呢? 阅读补充的史实材料,提问:昭宗年间,两国关系中断的真正原因是什么? 对此你有什么感想?

环节8：读一读，想一想

学习内容：(小结)唐朝开明的民族政策和开放的对外交流，成就了一个气势恢宏、兼容并蓄、博采众长的强盛王朝。无论是一个国家还是个人，只有对外开放，对外学习，才能使一个国家日益强盛，只有虚怀若谷，积极平等地与人交流、沟通，才能促进自身的发展和进步！启发学生思考开放的心态对于个人自身的意义。

学生活动：推导结论：开放国门，开放心态。

教师帮助：提升教学立意，引发学生进一步思考，促进自身的发展和进步。

课后反思

借用静安区五四中学赵崎老师的听课评语：第一，整堂课的立意很高，教学围绕只有强盛才有辐射力和吸引力，只有强大、繁荣和稳定，才会吸引人，最后的总结使整堂课达到高潮。第二，教学中非常注重史学方法的渗透。例如，引导学生思考除了文献史料之外，还有哪些其他形式的史料，教师呈现了绘画、民歌、会盟碑，帮助学生总结和归纳。再如，教师多次运用了比较的方法，通过中日文字、建筑的比较，帮助学生认识中国文化对日本的影响，这种史学方法的渗透起到润物细无声的效果。第三，教师提供的材料内容丰富，形式多样，符合初中生认知特点，有助于激发学生学习兴趣，提高学生学习能力。第四，教师教学非常严谨。例如，在呈现唐朝疆域图时，特意强调是贞观时代的，同时指出不同时代唐朝的疆域是变化的，这一提示非常有意义，一方面这是学生比较忽视的，另一方面，这也能培养学生严谨的史学精神。第五，教师设计的学生学习活动形式多样，充分调动了学生积极性。既有阅读，也有讨论、观赏视频、观察图像、做练习等。第六，整堂课的教学思路非常清晰，结构严谨，板书起到了很好的教学效果。

建议：文成公主入藏的民歌中，有五千五百多"种"，可能有误，可能是"头"。这可能是转载中的小错误。另外，教师让学生阅读课文，做练习册时给学生的时间太短，学生还未完成，教师就开始讲解了。

总体上来说，这是一节非常成功的好课。课程主旨明确，注重方法的渗透，情感、态度、价值观的教育自然贴切。

"第15课 民族团结与中外交流"教学设计说明

关于内容分析

首先,有文本意识。解读文本时有单元的内容主旨和本文的内容主旨意识,所以,本单元内容主旨是隋唐文明繁荣昌盛,本课开放与交流成为教学内容主旨,教学重点是唐朝开明的民族政策和开放的对外政策。其次,文本解读有深度和广度,唐朝是中华文明发展史上的一个鼎盛时期,政治清明、经济发达、文化繁荣,国家稳定,百姓安居乐业。唐朝以和为主的联姻、会盟政策,使唐与周边少数民族加强了联系,保持友好,在唐太宗时因为对少数民族一视同仁、平等相处,被尊称为"天可汗"。吐蕃是藏族的祖先,他们的杰出首领松赞干布统一了青藏高原,加强了唐蕃的政治联系,促进了吐蕃经济、文化的发展,有利于巩固多民族国家的统一。

唐朝的强盛、繁荣、先进对各国产生极大的吸引力,先进的中原文明同样影响着周边国家文明的发展,其发达的陆路、海路交通为中外的频繁交流创造了良好的条件。唐朝时中国经济、文化处于世界领先地位,而日本在当时比较落后,中国高度发展的经济、文化传入日本,促进了日本的迅速发展,形成了中日经济、文化交流的高潮,这种高潮表现在日本政府不断派遣唐使、留学生来中国。除了日本以外,唐与天竺、新罗、大食和波斯的交往也十分频繁。由于唐朝鼓励交流、兼收并蓄的外交政策,不仅促进了自身经济、文化的发展,而且促进了中外经济、文化的交流,加深了各国间的友谊,将文明更大地向前推进。

关于学情分析

七年级学生新学《历史》,在导入课讨论:什么是历史?为什么要学习历史?怎样学习历史?了解历史的途径(学会史料鉴别)是什么?怎样初步评价历史?之后的过程中着重于学生史学思想方法的模仿与迁移,学生能够初步具有历史材料的收集、分析、整理能力,基本可以区分三大类史料类型。本课学生能独立学习教材和教师提供的各类历史材料做收集、分析、整理,学生自主感受和理解历史,解释历史现象,解答历史问题,掌握学习历史的方法。历史课堂直面学生真实的认知过程,需要教师以相应的方法指导学生阅读教材和选用的材料,围绕内容主旨设计有梯度的问题,原则是学生最有兴趣的话题动态推进有效学习,不约束学生的思考,使学生的广阔性、灵活性、敏捷性的历史思维展现出来。

合作学习时再进一步探索本课的教学立意,深刻认识唐朝的经济繁荣和国力强盛,是国家具有凝聚力和向心力的基础,增强民族自豪感,玄奘、鉴真等人热心于文化交流,成为中外交往的友好使节,其业绩值得后人景仰,对玄奘、鉴真等不畏艰险,出国远行,学习交流的事迹启发学生不怕困难险阻、勇于开拓以及对事业执著追求的精神。初中学生感性认识仍然占据主导地位,在历史学习的过程中其思维具有形象化、具体化的特点,这就需要提出问题时呈现的"史料"具有趣味性、生动性的特点,学生学会从浩如烟海的史料海洋中拾取贝壳,在精要节选、恰当引用的基础上,学会从史料中汲取历史信息,进而了解相对客观的历史,并通过深入解读逐步形成历史"见识"。比如本课教学中大量使用非课本教材的史料,从读图学史入手,让学生发现图片中的信息,增加历史的真实感,使得学生更贴近历史去感受历史事件和历史人物的气息。

关于教学目标

关注三维目标,而目标主体是学生,本课是唐朝制度史的重要部分,以开放与交流为教学主旨,以这个内容主旨选择史料,学生的史料学习是出发点,史料教学已成为当今中学历史教学的重要组成部分,史料教学是指在历史教学过程中,教师指导学生阅读相关的史料,使学生自主地从材料中获取历史信息,并利用这种信息完成对历史探究的一种教学模式。历史是一门非常讲究证据的学科,历史课堂选择典型材料是为了解读文本的深刻内涵。提供的证据即"史料",按照质地分为实物史料、口传史料、文献史料;按照可信度分第一手史料、第二手史料。所选史料除了考虑初中学生的思维特点,还要呈现"精辟的见解",就是为教学内容做出解释、提供证据、说明理由,使课堂学习成为从感知历史,积累历史知识,理解历史,到对历史现象进行理性思考(比较、分析、演绎、归纳等),以了解历史事件的因果关系,找到历史发展的特征和规律,从而认识历史和现实的过程。

关于教学过程

本课围绕两个大问题设计一些充满疑惑的问题链、问题群,学生带着问题学习,能取得更好的教学效果。作为探究式的课堂,师生互动中教师抛出问题,学生在教师指导下解读文献或图片细节、影音资料,对原本被认为熟悉的课本教材有了新的认知,学生的先学效果也在回答问题的过程中显现,还可以及时反馈学生先学时对教材的掌握程度。唐朝是如何处理与周边少数民族和邻邦的关系的呢?中原文明对周边文明又产生了怎样的影响呢?本课环节3设计问题群:唐太宗为何选文成公主远嫁吐蕃?要更多了解文成公主及唐蕃关系,除了文献史料,还可借助哪些形式的材料做进一步研究?从各种材料中你发现文成公主在藏族人心目中的地位如何?藏族人民为什么如此怀念和尊敬文成公主?历史人物往往是一个时代的英雄,他们都凝聚了整个时代的基本特征,并具有常人所不具备的某些特长或独特个性。初中学生对历史人物极感兴趣,并不满足于课本的平铺直叙。本课教学中还补充鉴真影像资料,影像资料本身的直观、形象、生动等特性,使学生在影像细节中体验历史的魅力。再提问:通过故事与评价体会一下,鉴真身上最让你感动的是什么?他在日本为什么受到崇高的礼遇?创设这样的历史教学场景或情境,激发学生"神"入历史、角色参与,在潜移默化中自然而然地孕育出各种深厚而高尚的情感,提升育人价值,以达到对学生进行人文素质教育的目的。

历史教学不是仅仅教历史。教育本身的目的是培养人——合格的公民,那么作为合格的公民所应该有的情怀、立场、能力就不仅仅是了解基本史实,还要咀嚼历史、感悟历史。本课教学中设计的环节7:史实一:盛世唐朝万国来朝,云集帝都长安。史实二:唐昭宗乾宁元年(公元894年),新任遣唐使菅原道真引用在唐学问僧中灌的报告而上奏天皇,以"大唐凋敝""海陆多阻"为由,建议停止派遣唐使。宇多天皇接受了这一建议,两国关系遂告中断。启发学生思考:昭宗年间,两国关系中断的真正原因是什么?对此你有什么感想?通过这一环节的设计,学生获得这样的启示:一个国家只有强盛才有辐射力和吸引力,才可能得到别人的尊重乃至仰慕。一个国家,一个民族,只有强大、繁荣、安定,才能屹立于世界之林,宣和万邦,感悟开放国门、开放心态。

教材只是课程实施的一种文本性资源,学生对历史的认识和感悟是丰富的、个性化的,怎么激发学生的学习兴趣？历史是一门充满疑问的学科,如果能够在课堂教学中让学生提出疑问就更能激发学生兴趣,只有激发起学生的历史学习兴趣,并使之转化为一种自觉思考、探求知识的动力,才能让学生把学习历史当作一件快事,自觉、主动地去学、去想,从而获得良好的教学效果。

关于课后反思

本节课的课后反思来自学校的"小众型"对话研究的记录,借助其他老师对教学得与失的评价,也可以作为对这节课的回顾。有时旁观者可以更清晰、更有条理地表述自己可能没有意识或反思到的问题,比如通过讨论意识到本课的成功是教学立意高,知识结构化明显,失败之处是给学生的时间、空间还不够充分,真正落实学生的主体地位还需要教师多放手。教师的专业化发展离不开同伴相助的对话研究,正是这样的带教活动才有机会从同行那里学习、提升,也可以得到有益的帮助。

注:"'第15课　民族团结与中外交流'教学设计"刊于2016年静教院附校出版的《后"茶馆式"教学的实践指导》一书(上海教育出版社,2016年10月版,第261—266页)

七年级《中国历史》下册（华东师大版）
第21课　科学研究与民众教育

内容主旨

以"闻其言,察其行,观其果"认知中国知识分子满怀爱国之志探寻救国、兴国之路,民国期间的科技、教育发展正是这批知识精英坚忍不拔、自强不息地寻求科学救国、教育救国之路的真实写照。

学情分析

　　课文内容缺乏具体的历史事件支撑,教学针对的是思维活跃的七年级学生,选择有趣生动的人物故事易吸引学生。提供直观的教学素材,如文字、图片、音频等供学生阅读、观察、了解、议论、交流,教师以"闻其言,察其行,观其果"的模型示范——模仿,学生归纳表达感想,在深刻理解的基础上达到感悟的目的。

　　本课是民族精神教育的最好载体,学生对"知道"层面的基础知识较易理解,因此,情感教育目标的达成是本课重点,选择哪些恰当材料,如何通过深入浅出、生动形象的学习让学生感悟到知识分子的爱国情操,体会到中华文明生生不息的精神内涵是本课的重点也是难点。

教学目标

　　1. 了解"中央研究院"的概况;陶行知及黄炎培的主要教育思想;"西南联大"的成立背景及取得的成就。知道中央研究院部分知名学者的贡献;民众教育的必要性;西南联大师生的事迹。

　　2. 以直观教学素材如故事文字、图片等"闻其言,察其行,观其果"模型示范——模仿阅读、观察中汲取历史信息,以人物故事为据进行归纳和推论,在深刻理解的基础上达到感悟的目的。

　　3. 体会、感悟知识分子身处逆境无私奉献的精神及对国家和民族的强烈责任感,并把国家利益放在首位的远大志向。

重点难点

　　重点:感悟知识分子的爱国情操,体会中华文明生生不息的精神内涵。
　　难点:感悟知识分子的爱国情操,体会中华文明生生不息的精神内涵。

教学过程

环节1：（导入）近代以来中国陷入深重民族危机，中国人从革命救国、实业救国到科学救国、教育救国。年底一部电影《无问西东》，源自清华校歌"立德立言，无问西东"，片尾的大师你认识谁？冯友兰、陈寅恪、朱自清、林徽因、沈从文、闻一多、王国维……让我们看到了属于那个时代的繁盛，这些国学大师与历史名人影响了中国近百年的文化，他们用自己的学识和专业技能寻求拯救祖国、振兴祖国的道路。

设计意图： 从耳熟能详的历史名人与国学大师，回顾近代中国人的救国探索，生物学家童第周就是其中的一位，利用童第周"一定要争气"的故事引发学习兴趣，提供"闻其言，察其行，观其果"的模型认识知识分子的事迹，引出本课的核心主旨：中国知识分子的爱国情操。

环节2：（阅读教材第一目和补充资料《历史名人谱》）概括中央研究院的成立时间、组成、作用，通过补充资料了解中央研究院的知名学者的故事，回答：你知道他们有哪些成就贡献？对李四光、钱三强的话有什么感想？

设计意图： 了解童第周所在的科学研究机构——中央研究院，包括成立背景、院长蔡元培、下设机构、知名学者、院士制度等。学生活动："连连看"（将科学家照片与科学家的具体成就相连）。让学生深刻体会科学家有爱国情怀，更有爱国之举，他们放弃了国外优厚的条件选择回到多灾多难的祖国，并且在科学研究领域取得卓越成就，感悟科学救国中知识分子的科学献身，爱国奉献。

（总结）从知名学者的言行看到：科学献身，爱国奉献的精神。

环节3：（过渡）20世纪初的中国战火纷飞、兵荒马乱，受到良好的基础教育的人凤毛麟角，从20%的极低识字率，可以知道教育的普及率很低，一个社会的发展不仅需要大科学家，更需要面对全体民众的大众化教育，为了将文化的种子散播到穷乡僻壤，产生更多的力量和新的文化，许多教育家投身民众教育，你知道平民教育和职业教育的两位杰出代表吗？

设计意图： "中央研究院"一目与"平民教育职业教育"一目之间巧妙过渡，让学生感受到旧中国恶劣的环境下知识分子坚持普及乡村教育。

环节 4：民众教育：平民教育和职业教育。着重归纳陶行知的教育理念及实践方法。黄炎培的实用教育思想——职业教育。

设计意图：教育家付诸行动建立乡村师范学校，普及乡村教育，为中国平民教育做出重大贡献。通过文字材料归纳出陶行知"生活即教育"的理念，工学团"小先生"制等等，用补充故事讨论出陶行知的另一个教育哲学思想做"表里一致、言行一致"的"真人"，还有黄炎培的职业教育，培养有职业技能的劳动者，为抗战、建国输送人才，感悟知识分子教育救国的爱国情结。

（总结）从教育家的言行看到：知行合一，学做真人的品质。

环节 5：（过渡）民众教育中还包括高等教育，日本发动进一步的侵华战争，高等院校遭受炮火侵袭。为了使教育薪火相传，八十余所高校内迁，在共同的灾难面前，万千师生继续办学、教学、求学，其中规模最大的一所高等学府就是国立西南联合大学，它为什么被称为"一个时代的传奇与不朽"？在战火纷飞之际，联大老师与学生的学习、生活、工作条件、环境怎么样？

设计意图：展示"西迁"地图示意图。于抗战风雨中建校（北大、清华、南开），中国的文化不是敌人的飞机大炮可以摧毁的！先进的教育理念在当时的社会大背景下，教育实践可谓举步维艰。借助闻一多的话了解当时联大教授各显神通，用自己的专业和业余爱好谋生。通过了解华罗庚的居室条件以及两家共居一室的简陋，体会西南联大艰苦卓绝的条件、环境。

环节 6：国立西南联合大学真是中国教育史上璀若星河的一笔，西南联大人才济济，举世瞩目，国文老师是沈从文，英语老师是李赋宁，物理老师是吴有训，中国通史老师是吴晗，公共伦理学老师是冯友兰，数论老师是华罗庚……西南联大的老师如何严谨治学？教师著书立说，一部部著作在硝烟中问世，比如 1941 年，华罗庚完成了开创性的著作——《堆垒素数论》等等。

设计意图：依据"刚毅坚卓"——西南联大校训，了解联大一大批名师巨匠，鼎力治学研究，坚持为国育才，实践"内树学术自由，外筑民主堡垒"的历史使命。

环节 7：西南联大 1946 年宣布停办，三校返回原址，许多造诣很深的知名教授在艰苦的战争环境下培育出无数人才，学子们为洗雪国耻发愤学习，虽创办于战火中，时间也仅存在 8 年，但在这里却走出了 2 位诺贝尔奖获得者，5 位国家最高科学技术奖获得者,8位两弹一星元勋以及174位两院院士。从西南联合大学的艰苦学习条件和卓越办学成就中,你得到什么启示?

设计意图:据不完全统计,先后进入西南联大求学的8 000多人中,有1 200多名学生参军(投笔从戎),约占14%。在西南联大的毕业生3 300人中,有2位诺贝尔奖获得者(杨振宁、李政道),5位国家最高科技奖获得者(黄昆、刘东生、叶笃正、吴征镒、郑哲敏),国家"两弹一星"功勋奖章的23名获得者中,西南联大师生有8位(邓稼先、朱光亚、屠守锷、王希季、陈芳允、赵九章、郭永怀、杨嘉墀),数十位人文社科界泰斗,174位两院院士。这一环节可提升学生情感,让他们谈谈感悟。

(总结)从西南联大师生的言行可以看到:严谨治学、知识报国的精神力量。

环节8:今天的你们没有住茅草屋,没有躲避轰炸的跑警报,在享受着最优质的教育资源时,是否思考过你肩负着什么使命?你可以怎么做?

设计意图:(小结)再回顾这些科学家、教育家。音乐背景《红旗颂》:李四光、侯德榜、竺可桢、华罗庚、陈省身、陶行知、黄炎培、闻一多、黄昆、杨振宁、李政道、邓稼先照片自动播放。提升本课教学立意:一个个响亮的名字,一件件响彻寰宇的成就,他们用生命与热血,佑护着薪火相传的文化种子、精神脊梁和民族魂魄,积攒起砥砺斗志的教育力量和文化底蕴,保证了中华民族的文化血脉绵延不绝,生生不息。今天的我们不忘初心,牢记使命,为实现中华民族伟大复兴的中国梦不懈奋斗。

教学策略

"闻其言,察其行,观其果"模型示范——模仿,从科学家、教育家的故事中归纳、概括他们的言、行、果,完成"救国之路"的历史解释。

结构板书

科学救国 { 中央研究院概况 / 知名学者的贡献 / (科学献身、爱国奉献) }

```
            ┌ 平民教育    陶行知    晓庄乡村师范学校
            │           （知行合一、学做真人）
教育救国 ┤  职业教育    黄炎培    实用教育思想
            │  高等教育    国立西南联合大学
            └           （严谨治学、知识报国）
```

专家点评　（静教院　左卫星）

"科学研究与民众教育"是七年级《历史》（下）第四单元《抗日战争与民族解放》的最后一课，是传统意义上的文化史，对文化史的把握必须以相应的政治经济为基础。薛老师这一节课，呼应了这样的背景：鸦片战争以后，中国陷入了深重的民族危机，一批先进的中国人不断探寻着拯救祖国、振兴中华的道路。

具体而言：

1. 中央科学院的建立是先进的中国人探索振兴中华道路的具体实践，奠定了我国近代科学和学术事业发展的基础。

2. 民族整体素质的提高才是整个民族崛起（文明进步）的基石，陶行知和黄炎培是平民教育和职业教育的倡导者和推广者，成为发展民众教育的代表性人物。抗战时期，大批高等院校内迁，以西南联大为代表的高等学府的艰难办学历程及知识分子为雪洗国耻而发奋学习，正反映了中华民族顽强的生命力，这也正是中华文明生生不息的原因所在。

由于课文内容缺乏具体的历史事件支撑，加之静教院附校长期的"后茶馆式教学"的积淀，薛老师针对七年级学生思维活跃的特点，选择有趣生动的人物故事来吸引学生，提供直观的教学素材，如文字、图片、音频等供学生阅读、观察、了解、议论、交流，教师以"闻其言，察其行，观其果"的模型示范——模仿，学生归纳表达感想，在深刻理解的基础上达到感悟的目的。让学生感悟，这也是"后茶馆式"教学的重要特点，本课中，学生就在一个个故事、一段段材料中感悟到知识分子的爱国情操，体会到中华文明生生不息的精神内涵。

薛老师补充的《历史名人谱》给了学生学习资料，学生集中阅读补充文字资料、教材，基本可以有效参与问题讨论：中央研究院这一目从知名学者的言行看到：科学献身,爱国奉献的精神。第二目陶行知的人格写照"捧着一颗心来,不带半根草去",从教育家的言行看到:知行合一,学做真人的品质。西南联大师生的言行可以看到:严谨治学,知识报国的精神力量。

这一课中,问题指向是清晰的,因而学生回答问题的参与度、质量都很高,本节课的最后点明主题:回顾这些科学家、教育家,一个个响亮的名字,一件件响彻寰宇的成就,他们用生命与热血,佑护着薪火相传的文化种子、精神脊梁和民族魂魄,积攒起砥砺斗志的教育力量和文化底蕴,保证了中华民族的文化血脉绵延不绝,生生不息。十九大号召的"为民族谋复兴"正是在这样的讨论中自然地、无声地呈现流露。

注:本课教学 2018 年 10 月入选上海市中小学"学科德育精品课程",教学设计刊于《静安教育探索》2018 年增刊第 2 期。

八年级《社会》上册专题一
《积极拥抱精彩世界》教材实施分析

情况分析

初中《社会》学科是通过对问题的分析,提高学生辩证思维的能力,所选案例往往是两难的,有争议的,具有一定研讨价值,这要求教师在教学中引导学生全面理性地分析问题,但是,这也给老师带来了新的难题:生成性问题较多,课堂掌握难度大;案例没有学科界限,讨论内容较杂乱;案例不存在唯一正确的答案,可能会出现"公说公有理、婆说婆有理"的局面。因此,如何让教的主导与学的主体在社会学科的教学中有机地结合起来,教师在课堂中如何做到收放自如,成为了社会学科任课教师最大的困惑。

实施分析

一、循环实证《积极拥抱精彩世界》贴近学生的生活实际,可以让学生深入生活,更好地理解教学内容。本课以问题为中心,以学生的生活经验为基础,精心组织教学,前后两节课的部分问题秩序、内容有较大调整。

(1) 调整提问秩序：学生围绕案例归纳出一个14岁女孩独自旅游可能面临的三个不利因素（个人因素、社会因素、自然因素），导致两个方面的安全（人身安全、财产安全）问题，还考验了两种能力（自理能力、应变能力）后，教师的前次设计是过渡提问：姜岚要独自外出旅游引来了许多话题,说明我们的现实社会是复杂的,我们应如何看待这种复杂性？面对复杂的社会,我们青少年该怎么办？此问题打断了学生的思维进程，第二次设计时，由学生对案例充分讨论之后，设计一个《出行方案》，学生在动手中对前部分的讨论进行总结，把感性认识提升为理性思维。第二次设计时将此问题放在《出行方案》之后，就恰当自然地引领学生认识到加强自我保护，预防侵害的方法。

(2) 调整提问内容：本节课结尾部分,第一次设计这样两个问题：请说说在生活中我们学生受到侵害的事例？青少年应在日常生活中如何加强自我保护？在课堂实践中发现问题很空，指向性不明确，学生无从回答，第二次设计改为："经验分享"青少年在日常生活中如何加强自我保护、预防侵害？再拓展"预防侵害的方法"义正辞严，当场制止；处于险境，紧急求援；虚张声势，巧妙周旋；主动避开，脱离危险；诉诸法律，报告警察；心明眼亮，记牢特点；堂堂正正，不贪不占；遵纪守法，消除隐患。

二、对教师而言，要真正做到在课堂中游刃有余，除了事先对教学过程进行精心准备和预设，同时更要对教学过程中学生的真实状态进行敏锐的捕捉和发现，通过对学生的认知和情感需求状态的正确判断，适时调整活动进程，动态推进学生的有效学习和实践性活动。

八(3)班的第一次教学，师生、生生之间的对话，基本拘泥于教师的问题，学生陷于狭窄的生活经验，发散思维基本没有，导向上还放大了生活中的阴暗面；八(2)班第二次教学，课堂氛围比较热烈，大多数参与讨论的学生表现优秀，能够既表达自己的观点又总结其他同学的发言，分析案例时对教师提出的问题姜岚具备哪些独自外出的条件？没有理睬就着眼于讨论旅游可能面临的不利因素，有的学生甚至有条理地把前部分同学的发言归纳为是个人因素、社会因素，此刻学生的认知并不完全符合教师的预设，教师适时调整教学进程，顺应学生的思维改变教学时间与教学空间形态，学生的需求和课堂上的真实生成状态是教师的关注点和着眼点，这样的动态学习环境可以给学生创造更多发展自己、接触现实、了解社会的机会，由此在教师引领的问题层层深入中,实现学生经验的成长和基础学力的提升,真正将学习生活化。

三、"后茶馆"教学"读读,议议,练练,讲讲"是学与教的方法,"趣味,品位,思维"是有效教学的方向,循环实证中感触颇深的还是给学生足够空间、时间说真话,学生观点有一边倒的趋势,放大社会的阴暗面,教师按照既定思维引导过多又束缚了学生的思考,压制了学生讲真话的勇气,也不利于培养学生的发散思维和创新思想。如何有效激发学生的认知冲突,注重学生综合能力的培养,还需要不断提升教学语言的科学性、人文性、艺术性,更多关注学生需要、提高学生兴趣,注重培养学生的思维方法,鼓励学生的大胆质疑,爱因斯坦曾说,提出一个问题比解决问题更重要,成功的教学在于让学生的思想冲破牢笼,让一个又一个"问题"从学生的心灵喷涌而出。

教材分析

《社会》是一门综合性学科,旨在引导学生了解自己生活的社会环境,形成正确认识自我,正确处理个人与他人,个人与社会关系的积极的社会生活态度,体现出生命教育的主旨,生命教育包括信心、情感、成功、可持续发展的教育,能体现出自然、和谐、健康、成长的教育,皆为生命教育,是学生自我成长的需要、也是社会生活的需要。我们都知道:社会是人的社会,人是社会的人,没有人的存在,没有人与社会发生着千丝万缕的联系,就没有社会这个大家庭,所以关注人与社会的关系是生命教育的重要内容。本课讲述了人与社会的关系,学生应正确认识和处理人与社会之间的关系。每个人都应关注社会的和谐发展,提倡建立科学、文明、健康的社会秩序和生活方式,了解社会生活对个人的影响及个人行为对社会产生的或推进或破坏的作用。所以学生应意识到在社会中生活,一定要遵守社会的规则,做一个文明公民,构建和谐社会,共同为推动社会的发展进步做出自己力所能及的贡献。

我国正处于体制转轨和社会转型时期,出现各种社会矛盾和问题是正常现象。即使旧的矛盾和问题解决了,还会出现新的矛盾和问题。人类文明的进步正是在解决各种复杂的社会矛盾和问题的过程中逐步实现的。我们要学会用发展的、辩证的眼光看待社会发展进程中出现的矛盾和问题。

学情分析

《社会》教学的第一要素是为生活而教,为养成适应社会发展和时代要求的生活观念而教,本堂课的教学从现实社会现象入手,基于学生的直接经验和已有知识"寓教于乐",学生对源于自己熟悉的生活内容和情景会特别感兴趣,并有很强的参与探究的欲望。然后以课本案例为载体,学生与案例场景"亲密接触",师生共同挖掘案例内涵,教学设计层层递进,以问题链的形式启发学生从多角度观察和分析社会问题,把学习与学生已有的生活经验结合起来,从生活场景走向案例情境,从当今社会和生活中,捕捉与教学内容密切相关的现象、情境或问题,真正实现教育的终极目标:培养人格健全、智慧闪耀的大写的人。

价值观的碰撞是一件痛苦的事情,学生在学校里接受的教育而形成的价值观,是在理想状态下形成的,但是,生活并非到处都是阳光灿烂,社会是复杂的,许多社会问题并不像解数学题那样可以找到一个正确的解题方法,许多问题甚至没有答案。十四、五岁的青少年正是生理和心理发生变化的时期,他们渴望独立和摆脱父母的羁绊,他们不满足书本所获得的知识,对外面的世界充满着好奇,希望独自去闯荡世界。案例说出了青少年对外面未知世界的向往和探求,青少年迟早要独自面对社会,解决生活中所出现的各种问题。通过案例来观察生活中的某些现象,培养辨别是非善恶的能力,学会透过现象看本质,将各种社会现象联系起来分析问题,使学生知道该如何面对复杂的社会环境,提高应对社会问题的能力。当今社会,在构建和谐社会、文明社会中需要更多的人具有这样的良好品质和社会意识,而让这种社会意识从孩提时代扎根,成为人们必备的素质,才能更好地发扬光大。

设计意图

情景导入:歌曲《外面的世界很精彩》;指导学生阅读课文案例:《外面的世界很精彩》;学习与分析:姜岚为什么希望独自外出旅游?姜岚具备哪些独自外出的条

件?(提示:从自身因素、社会因素两个角度考虑)。讨论与思考:姜岚的父母不同意她独自一人外出旅游,理由是"不安全",你认为一个14岁的女孩独自旅游可能面临哪些不利因素?三个因素(个人因素、社会因素、自然因素)→导致两个方面安全(人身安全、财产安全)→考验两种能力(自理能力、应变能力);合作与交流:如果你支持姜岚的举动,你能提出哪些建议帮助她顺利完成这次旅行(提示:从选择地点、所带的物品、与人交往的原则、应急预案、防身技能等角度考虑);深化探究:姜岚要独自外出旅游引来了许多话题,说明我们的现实社会是复杂的,面对复杂的社会,我们青少年该怎么办;经验分享:青少年在日常生活中如何加强自我保护、预防侵害?

第三节 复杂的生活环境
积极拥抱精彩世界

教学设计

教学目标

1. 知识与技能:了解社会的复杂性,人类文明的进步正是在解决各种复杂的社会问题的进程中逐步实现的,了解青少年预防侵害的方法。

2. 过程与方法:通过阅读案例、提取信息和小组分析讨论,剖析生活中的某些现象,培养辨别是非的能力,培养独立精神和自主意识,增强自我防范意识。

3. 情感、态度和价值观:认清社会的复杂性,学会用发展的眼光和积极的态度看待社会发展过程中的矛盾。

教学重点和难点

重点:认识社会的复杂性。

难点:如何面对复杂的社会环境。

教学过程

方法	教师活动	学生活动
导语	"回忆身边事" 你是否喜欢旅游？ 去过哪些地方？ 与什么人怎样去的？ 旅途中最难忘的事情是什么？	
读读讲讲	阅读课文案例： 《外面的世界很精彩》 姜岚为什么希望独自外出旅游？ 姜岚具备哪些独自外出的条件？ （提示：从自身因素、社会因素两个角度考虑）	在成长的过程中,我们曾得到过父母的呵护、社会的关爱,但又渴望父母能够理解我们,支持我们独立地去了解社会、认识世界,以增强应对未来社会的能力。但是,在遇到具体问题的时候,如何寻找两者的平衡点呢？ "外面的世界很精彩"说出了青少年对外面未知世界的向往和探求。 十四、五岁的青少年正是生理和心理发生变化的时期。他们渴望独立和摆脱父母的羁绊,他们不满足书本所获得的知识,对外面的世界充满着好奇,希望独自去闯荡世界。 具备的出游条件自身因素有：个性活泼,有旅游兴趣,外地有亲友照顾,有主见； 具备的出游条件社会因素有：社会生活中积极的、和谐的一面还是主要的,助人为乐、遵纪守法还是社会的主流。
练练讲讲	姜岚的父母不同意她独自一人外出旅游,理由是"不安全",你认为一个14岁的女孩独自旅游可能面临哪些不利因素？ 人类文明的进步正是在解决各种复杂的社会矛盾和问题的过程中逐步实现的。我们要学会用发展的、辩证的眼光看待社会发展过程中出现的矛盾和问题。 归纳：三个因素（个人因素、社会因素、自然因素）→导致两个方面安全（人身安全、财产安全）→考验两种能力（自理能力、应变能力） 《出行方案》	年龄才14岁,女孩有更多不便和危险,如遇到坏人,缺乏防卫能力。 如遇到自然灾害,缺乏逃生能力,自立能力还不强,迷路、遇到紧急情况没人帮,还有安全问题、住宿交通问题等；还有上当受骗、行李太重、物品遗忘或丢失,地理环境不熟悉,如果生病了自己不会照顾自己,等等。

续表

	如果你支持姜岚的举动,你能提出哪些建议帮助她顺利完成这次旅行。 (提示:可从选择地点、所带的物品、与人交往的原则、应急预案、防身技能等角度考虑)	
议议 讲讲	"课堂感悟" 姜岚要独自外出旅游引来了许多话题,说明我们的现实社会是复杂的,我们应如何看待这种复杂性?这是不是意味着我们面对这些就束手无策了呢? 面对复杂的社会,我们青少年该怎么办? 教学楼加固、"防台风"停课,是社会给予青少年安全的关爱,那么,我们自己要具有怎样的安全意识呢? "经验分享" 联系实际、拓展提炼: 青少年在日常生活中如何加强自我保护、预防侵害?	形成一些共识,如我们迟早要独立走上社会,独自面对和处理复杂社会生活中的种种矛盾和问题,因此我们在日常生活中要多接触社会,社会中积极一面还是主要的,既要培养独立精神和自主意识,又要增强辨别是非的能力,增强自我防范的意识和能力。 避免侵害,可以依靠法律、组织、群众、智慧。
结语	预防侵害的方法: 义正辞严,当场制止;处于险境,紧急求援; 虚张声势,巧妙周旋;主动避开,脱离危险; 诉诸法律,报告警察;心明眼亮,记牢特点; 堂堂正正,不贪不占;遵纪守法,消除隐患。	

教学反思

学生的《出行方案》,课后仔细阅读分析,发现八(2)班课堂发言积极,写的方案并不完善,八(3)班开口发言不积极的部分同学方案做得比较完善,这是一个值得探究的问题,摘录部分方案如下。

八(2)班

想好旅游路线;正规的住处,交通合适;信号好的地方;去周边城市,交通便利安全,例如苏州、杭州、南京等;做好计划。

随身物品:不带过多贵重物品,带手机与家人联系,带衣物、应急药物等必需品;胡椒粉;通信设备;经费;准备适当的衣服,注意保暖。

与人交往:轻易不与陌生人说话,不接受外界诱惑,多观察,保持警惕;以德服人;友善,大方但谨慎,保持应有的距离,防人之心不可无;不随便吃喝陌生人的食品;不跟陌生人走。

八(3)班

地点:人比较少,能保证安全的地方;靠山、海的大城市。

物品:药品;雨伞;棒球棍;防身物品;衣物;食品;零用钱;银行卡;一些证件;相机;简易帐篷。

与人交往的原则:少与他人交谈;要有防范意识;不与陌生人说话、搭讪;不吃陌生人给的食物;往人多的地方走;三思而后行;不冲动;小心与人交流,不轻易相信对方;尽量不要穿得太暴露,防止别人对你实施人身侵犯;在公共场所不显富,尽量将钱放在隐蔽处。

应急预案:保险刀;应急用具;遇到被劫等紧急情况找警察;尽量不要在雷雨天去危险地带;遇到紧急情况时,先报警,呼叫旁人。

防身技能:旅行前进行防身技能的学习;快速找出别人的弱点;练一练防身招式(跆拳道等)。

八(4)班

所带物品:地图、足够的资金、信用卡、学生证、身份证、指南针、防狼喷雾剂、创可贴、联络工具、防雨工具、换洗衣物。

与人交往原则:减少与陌生人来往;不接受别人的随意搭讪;不要轻易听取陌生人建议;尽量询问路边警察;需要帮助时向值得信任的人(如交警、服务生等)求助;不凑热闹;用餐、住宿选正式的酒店,不去路边小摊与小旅馆;不露财,看好自己的随身物品……

地点:尽量选择有亲戚在的地方;选择治安较好,环境较优美且有亲戚或朋友居住的邻近城市。

应急预案:如碰到拿不定主意可打电话向家人、朋友询问;如果碰到抢劫(1)千万不要和抢劫犯争抢,保命要紧。(2)大致记住对方容貌并向目击者借电话报警。

防身技能：用防身物品应付，如胡椒粉、辣椒水；拨打110向警方呼救；把包放在胸前，防偷窃；有时间可学防身术；不走偏僻小道。

关于增值的进一步思考

学生在社会学科的课堂学习中"活"起来非常重要，活跃的课堂气氛，是学生生命活力得以焕发、生命意义得以展现的基本表现——全体学生积极主动地凝神思考、主动探究、热烈讨论甚至激烈辩论，此过程中，学生全身心投入，思维活跃，态度积极，能够产生积极的思维碰撞，在积极的碰撞中，产生思维的灵性；此过程中，学生的情感、态度、价值观得以升华，产生切身的积极体验，学生内心的需求不断得到满足，实现自我成长；此过程中，学生判断问题、分析问题、解决问题的能力得到提升，这样的课堂生态可以发挥案例的作用，引发学生的认知冲突，那么，教师如何针对学生的学习实际来营造、捕捉学生的认知冲突？

1. 社会学科的案例大多可以营造出一个与学习内容密切相关、学生感兴趣的问题情境，由于看问题的立场、观点、价值观、切入的角度等因素，学生得出的认识有时会出现巨大的反差，学生之间的意见冲突，也可能导致学生产生道德价值观、人生观等方面的冲突，引导学生建立问题与已有知识经验密切相关的"链接"，从学生的生活实际入手，引导学生发现并提出生活中的问题，让学生产生解决问题的欲望。

2. 学生理解文本时，由于各自的经验、知识储备、生活环境等方面的不同，建构出来的认识存在着很大的个性化差异，教师及时发现学生的学习行为表现，针对学生的学习实际，把个别学生的认知冲突扩大化，转变成教师的教学资源，组织学生讨论，通过恰当引导，引发学生生成新的问题，产生有价值的新的认知冲突，此过程中，学生的表达能力、思辨能力都得到训练。

这样的教学，动态生成性加强了，更加综合，不易把握，学生的认知冲突给教师的备课带来了很大的难度，对教师的教学能力、水平提出了更高的要求。但，唯有这样，我们才真正地把学生当成了主体，才真正能够促成学生全面发展，实现自我。

案例教学有助于激发学生的学习兴趣。案例教学给学生造成身临其境的感觉，加深感性认识。另外，在民主和谐的讨论气氛中，学生独立思考，大胆交流，有较大的自由度和较多的展现自己的机会，在没有压力和顾忌的良好心态下，进行学习探索，容易产生学习兴趣。

案例教学有利于培养学生的创新精神和创新能力。创新精神是指那种不安于现状，力图改进创新的一种积极心理状态.而创新能力是指一个人具备的运用一切已知东西产出某种新颖、独特、具有社会或个人价值的未知东西。运用案例教学法（感知案例——理解案例（教师引导、学生的合作讨论）——深入案例。在讨论中，学生充分发挥自己的想象力，不断探求自己解决问题的独特方案或最佳方案。这样，就会使学生思维的敏捷性、灵活性、深刻性和批判性得到强化，从而激发学生的创新思维和培养学生的创新能力。案例是学生连接校园和社会的一座桥梁，是他们了解和认识社会的窗口！

教学论文

4. 巧设问题·把握证据·提升价值
——初中制度类历史课

摘要 初中《历史》学科的后"茶馆式"教学以巧设问题、把握证据、提升价值三方面思考课堂的教学设计。

关键词 初中制度类历史课

初中《历史》学科的中国史和世界史，从结构上划分有制度类、经济类和科技文化类三大板块的文明史。制度文明是制度建设的结果，通过制度建设及过程体现，它在整个文明中具有重要的地位，因此，初中阶段的历史课中制度史占最大比例，经济史和科技文化史相对比例较小。制度史包括中国古代史朝代更叠的创规建制和关系史，中国近现代史国人探索的救国之路、复兴之路；世界古代史从区域文明到全球文明，世界近现代史是资产阶级革命和两次世界大战、两个超级大国争霸等。

※**方法解释**

1. 巧设问题

历史课堂直面学生真实的认知过程，需要教师以相应的方法指导学生阅读教材和选用的材料，围绕内容主旨设计有梯度的问题，原则是学生最有兴趣的话题动态推进有效学习，不约束学生的思考，使学生的广阔性、灵活性、敏捷性的历史思维展现出来。

2. 把握证据

历史课堂选择典型材料是为了解读文本的深刻内涵提供证据即"史料"，按照表现形式分实物史料、口传史料、文献史料；按照可信度分第一手史料、第二手史料。所选史料除了考虑初中学生的思维特点，还要呈现"精辟的见解"，就是为教学内容作出解释、提供证据、说明理由，使课堂学习成为从感知历史，积累历史知识，理解历史，到对历史现象进行理性思考（比较、分析、演绎、归纳等），以了解历史事件的因果关系，找到历史发展的特征和规律，从而认识历史和现实的过程。

3. 提升价值

从学生容易理解的角度给学生创设思考情境，提升思想认识和历史感悟，比如学生的认知倾向于具象思维，可以从图画、影像、歌曲、诗化的语言情境等生动、直观的史料里提取表层（直接）信息还能挖掘部分隐含的深层（间接）信息，提升学生透过现象看本质的史学意识。

※**课例阐述**

"第15课 民族团结与中外交流"是七年级中国历史（上）第四单元《繁荣昌盛的隋唐文明》第三课。

教材分析

中华文明发展到唐代，其魅力已使海内外各邦心驰神往，同时大唐帝国以平等友爱的胸襟对待周边的少数民族，以开放热情的姿态欢迎周边国家……

学情分析

在自主学习中努力发掘学生潜能，以培养学生历史学科的思维能力为核心。引导学生认识唐朝的经济繁荣和国力强盛，是国家具有凝聚力和向心力的基础，培养学生接受学习外来先进文化，不怕艰难险阻、勇于开拓以及执著追求的精神。

设计意图

本课以启发、引导为主，辅助手段是各类史料资源、图片、视频资源，以此来加深学生的感性认识，学生活动中初步掌握"论从史出"学习历史的方法，情境想象，故事叙述，讨论等给学生发散的思维空间，构建以学生发展性和创造性为内涵的学习体系。

教学目标

1. 知道唐朝民族政策、外交政策和文成公主入藏、遣唐使来华、鉴真东渡的史实和影响，理解唐朝对周边民族、国家强大吸引力的原因。

2. 学习观察历史地图，通过图文材料学习鉴别各类史料，训练"论从史出"的历史思维，增强归纳和综合分析的能力。

3. 通过文成公主、鉴真的事迹能够认同他（她）们身上的坚忍奉献、追求真理等高尚品质,感受他们崇高的人生观和价值观;通过唐蕃关系,理解民族关系对国家统一和稳定的意义,体会唐文明的感召力、辐射力,增强民族自豪感。

过程描述

环节1：以《青藏高原》歌曲和一段文字材料导入。

设计意图：学生回望1300多年前的历史,感受唐朝不愧是中国古代最辉煌灿烂的一个篇章。

环节2：观察唐朝疆域图,了解周边存在的少数民族政权,利用文献材料和图片材料了解唐朝的民族政策。

设计意图：能够归纳出唐朝开明的民族政策。

环节3：呈现绘画材料、图片、民歌等材料,了解文成公主远嫁吐蕃的史实、影响。

设计意图：理解文成公主对藏族社会进步和唐蕃团结的贡献,藏族人民如此怀念和尊敬文成公主的原因。

环节4：观察唐朝中外交通图,补充概括唐朝与周边国家交往的特点。

设计意图：能够归纳出唐朝开放的对外政策。

环节5：阅读材料概括遣唐使简况,呈现中日文字、服饰、建筑等对比图。

设计意图：让学生知道遣唐使为日本文明的起飞奠定了厚实的基础,日本文化中深深地渗透着中华文明尤其是唐代文明的影子。

环节6：呈现鉴真东渡传播佛教的视频材料和文字评价材料等。

设计意图：让学生知道鉴真促进了中日文化的交流,点拨归纳鉴真的品质。

环节7：理解唐朝民族政策及外交政策实施的影响。

设计意图：引导学生讨论分析唐朝吸引周边少数民族和国家与之交往的原因。

环节8：对比唐朝在强盛和衰败后的中日关系,启发学生思考开放的心态对于个人自身的意义。

设计意图：引发学生的进一步思考,促进自身的发展和进步。

课堂反思

1. 巧设问题——激发学生的求知欲。

本课是唐朝制度史的重要部分,以开放与交流为教学主旨,探讨唐朝是如何处理与周边少数民族和邻邦的关系的呢？中原文明对周边文明又产生了怎样的影响呢？围绕这两个大问题设计一些充满疑惑的问题和现象,学生带着问题学习,能取得更好的教学效果。作为探究式的课堂,师生互动中教师抛出问题,学生在教师指导下解读文献或图片细节、影音资料,对原本被认为熟悉的课本教材有了新的认知,学生的先学效果也在回答问题的过程中显现。比如本课环节3通过设计问题"要更多了解文成公主及唐蕃关系,除了文献史料,还可借助哪些形式的材料做进一步研究？"可以及时反馈学生先学时对教材的掌握程度。历史是一门充满疑问的学科,如果能够在课堂教学中让学生提出疑问就更能激发学生兴趣,只有激发起学生的历史学习兴趣,并使之转化为一种自觉思考、探求知识的动力,才能让学生把学习历史当作一件快事,自觉、主动地去学、去想,从而获得良好的教学效果。

2. 把握证据——培养学生的史学意识。

历史是一门非常讲究证据的学科,史料教学已成为当今中学历史教学的重要组成部分。史料教学是指在历史教学过程中,教师指导学生阅读相关的史料,使学生自主地从材料中获取历史信息,并利用这种信息完成对历史探究的一种教学模式。初中学生感性认识仍然占据主导地位,在历史学习的过程中其思维具有形象化、具体化的特点,这就需要提出问题时呈现的"史料"具有趣味性、生动性的特点,学生学会从浩如烟海的史料海洋中拾取贝壳,在精要节选、恰当引用的基础上,学会从史料中汲取历史信息,进而了解相对客观的历史,并通过深入解读逐步形成历史"见识"。比如本课教学中大量使用非课本教材的史料,从读图学史入手,让学生发现图片中的信息,增加历史的真实感,使得学生更贴近历史去感受历史事件和历史人物的气息。

历史是一门非常重视思维逻辑的学科,在渗透史学研究的方法,培养学生的求真意识时,可以用图像与文献资料的合理编排,"图文互证"帮助学生在脑海中将所学的内容在思维与逻辑上建立起一一对应的关系,同时又能让学生慢慢悟出"孤证不立"的意识,学生在史料中认识历史的真实面貌,真正提升"史论结合,论从史出"的历史思维能力。

3. 提升价值——引领学生的角色参与

历史教学不是仅仅教历史。教育本身的目的是培养人——合格的公民,那么作为合格的公民所应该有的情怀、立场、能力就不仅仅是了解基本史实,还要咀嚼历史、感悟历史。比如本课教学中设计的环节 8：史实一：盛世唐朝万国来朝，云集帝都长安。史实二：唐昭宗乾宁元年（公元 894 年），新任遣唐使菅原道真引用在唐学问僧中灌的报告而上奏天皇，以"大唐凋敝"、"海陆多阻"为由，建议停止派遣唐使。宇多天皇接受了这一建议，两国关系遂告中断。启发思考：昭宗年间，两国关系中断的真正原因是什么？对此你有什么感想？通过这一环节的设计，学生获得这样的感悟：一个国家只有强盛才有辐射力和吸引力，才可能得到别人的尊重乃至仰慕。一个国家，一个民族，只有强大、繁荣、安定，才能屹立于世界之林，宣和万邦。启示就是开放国门、开放心态。

历史人物往往是一个时代的英雄，他们都凝聚了整个时代的基本特征，并具有常人所不具备的某些特长或独特个性。初中学生对历史人物极感兴趣，并不满足于课本的平铺直叙。本课教学中补充鉴真影像资料，影像资料本身的直观、形象、生动等特性，使学生在影像细节中体验历史的魅力。再提问：通过故事与评价体会一下，鉴真身上最让你感动的是什么？他在日本为什么受到崇高的礼遇？创设这样的历史教学场景或情境，激发学生神入历史、角色参与，在潜移默化中自然而然地孕育出各种深厚而高尚的情感，以达到对其进行人文素质教育的目的。

人文学科的论证没有统一的公式，一千个人眼中有一千个哈姆雷特，谁能说这是好的还是不好呢，谁能说这个历史观点就一定是正确的还是不正确的呢？以学生为本，让他们畅所欲言，对各派学生保持兼收并蓄，使自己的课堂尽量包罗万象。教学实践表明，男学生较喜欢历史中有关政治、军事、外交等知识，女学生则对历史人物、经济、文化知识较感兴趣。因此，历史教师个人丰富的历史知识和史学素养，有对历史更多不同层面的了解和认知，对于学生学习历史的兴趣或许也能有更加多的激发。

注：本文刊登于 2015 年 1—2 期（总第 237—238 期）《上海教学研究》，第 28—31 页。

教学论文

5. 初中历史学科的多样作业

摘要 作业布置的三个依据：形式多样、内容多元、理念多视角，作业布置形式有长作业和课堂短作业；作业布置具体、细化要求。学生作业除短作业，另外布置些长作业，包括阅读书籍、写观后感、走进场馆、社会实践等，虽有难度但能弥补短作业的不足。作业评价有科学性、灵活性和实践性，制定规范的、多维的、具体的、分层的考评目标和评价标准，激励学生参与。

关键词 长作业；短作业

在教学实践中积累了丰富的作业布置经验，希望可以交流、分享。

作业布置依据

附校聚焦课堂教学的"后'茶馆式'教学——走向'轻负担高质量'的实践研究"，坚持追求"绿色"学业的办学目标，不仅关注学生的学业成绩，更关注每一位学生的全面发展、个性发展和终身发展。由此，附校历史学科的长作业、短作业布置有了三个依据：

1. 作业形式多样化：为学生主动学习、有效思维和体验营造时间与空间。
2. 作业内容多元化：为学生拓宽视野、自主多样持续发展打基础。
3. 作业理念多视角：落实历史课堂"巧设问题，把握证据，提升价值"教学策略，鼓励学生走向各个场馆、场所进行实地调查、操作，提升问题意识，探究兴趣，铸塑合作精神，提高实践技能。

作业布置形式

一、短作业——课堂作业

指导思想：以科研为先导，聚焦课堂，实现课堂转型，以"轻负担，高质量"研究教学的每个环节，探索切实提高教学有效性的策略和方式，提炼切实可操作的微技术、微方法。初中历史学科"后茶馆"教学的多个环节、多样材料、多种视角使教学方式发生改变，教学过程不再平铺直叙，让教的主导与学的主体有机地结合。教师：首先，有文本意识；其次，文本解读有深度和广度；注重史学方法的渗透。学生：有独立学习、合作学习；独立学习教材和教师提供的各类历史材料，合作学习时进一步探索教学立意。围绕内容主旨设计问题链、问题群，在多样化教学环节的"读读，议议，练练，讲讲"中使学生的知识结构化，同时落实历史学科五大核心素养：唯物史观，时空观念，史料实证，历史解释，家国情怀，从而满足应试与育人的要求。

1. 鉴古知今——随堂小作文

七年级《历史》上册第四单元《繁荣昌盛的隋唐文明》第二课"繁盛的经济"从水路运输与城市生活集中反映隋唐时期经济繁荣的景象，学生从经济角度了解隋唐时期的文明特征——开放、大气、兼容并蓄，学习本课之后，对今天上海的建设发展你认为可以有哪些借鉴？引导学生以史为鉴观察生活的城市，对比唐朝长安城的软硬件组成：硬件方面合理完美的城市布局，整洁有序的环境；软件方面对外开放的政策，友好交流的氛围，海纳百川的胸怀，良好的人文基础等。借鉴历史经验，服务今天上海的建设与发展。

七年级《历史》下册第一单元《列强侵略与民族危机》第五课"甲午战争"以"学史"、"思史"（人文关怀）"鉴史"（探究今世）三部分完成，从"一个军官的思考"、"李鸿章与伊藤博文的一段对话"和冰心的话"以百年国耻激励后人，教育后人，前事不忘后事之师"提出随堂课的小作文：我们痛定思痛后该思考什么？（经验教训）生活于今天的你，学习了本课之后有什么忧患意识吗？学生感知到的历史是有"距离"的，对深刻的历史教训"落后必然挨打"能有多少感性理解？利用"细节"激发学生兴趣，实现与历史的"亲密接触"，引导学生自己体味历史，体会他们"心中的历史"，深刻感悟个人命运的悲剧在国家的危难中无法避免，当时不同阶层人的悲惨境遇可以激发学生联系自身生活讨论今天的忧患意识、危机意识。而强国梦是一种社会意识,当代中学生可以有怎样的"强国梦"？出生在战火纷飞的年代,命运十分不幸,反过来说出生在现在这种富强、和平、安逸的年代,幸福生活比比皆是,作为祖国的新一代,绝不能再沉迷于日本动漫、游戏,应居安思危,努力学习,长大后为国争光。对比今日的幸福生活,学生自觉地把个人的命运与祖国的命运紧密结合起来,有了使命感、荣誉感和责任感。

选择部分学生优秀作业,打印成文稿做年级组交流、分享。

……清政府的目光短浅,墨守成规,如果在洋务运动时没有顽固派的阻挠,慈禧不抽取海军的经费,中国还会面对这样的灾难吗？但是历史没有如果,我们要吸取教训,用发展的目光看问题,知道自己的不足,谋求发展！

——七(5)张智彦

出生在这样战火纷飞的年代,命运十分不幸,反过来说,出生在现在这种安逸的年代,幸福生活比比皆是。

——七(5)郭嘉怡

今天的幸福生活来之不易,我们要珍惜,不断加强国家科技实力,遥遥领先,不能有丝毫松懈,落后就要挨打。

——七(5)张心悦

许多外国文化侵入中国,就现代来说,日本的侵略仍没停止,在文化上我们这一代青少年,应支持本土产品。

——七(4)钱亦频

我觉得现在虽然不会发动战争,但日本也在"侵略"中国,比如说我们从小看的是日本动画片,比如我们用的许多都是日本货,吃的是日本东西,我们应该引起警惕。

——七(4)徐顺捷

我们国家应有强大的科技实力,有足够的爱国情怀和勇气,有民族气节,现在文化侵略十分严重,在尝试他国的新事物时,应保持一颗爱国心。

——七(4)法雨奇

安定的社会统治对于国家的兴盛是何等重要。如今,中国国力强盛,没有任何一个国家敢于直接进行战争侵略,但并非没有危机,有些中国人为了利益丧权辱国,有些洋人对中国进行"文化侵略",让我们的下一代沉迷于游戏、动画。我们要积极主动地进行反抗,不崇尚外国货,有节制地进行选择学习外国文化!

——七(4)陈星云

作为祖国的新一代,绝不能再沉迷于日本动漫、游戏,应居安思危,努力学习,为祖国增光添彩,使神州能立足于世界,能永远巍然屹立在东方,能永远伟大富足!

——七(4)蒋怡琳

甲午期间……都是清政府的腐败和无能造成的。这一切在现在人看起来是多么可悲啊!我们现在的中国已经日益繁荣,可是在和平的年代,我们也应该牢记当初的羞辱,引以为鉴,我们要为国家尽自己的一份力,让我们国家更加昌盛。

——七(5)郎明珺

2. 闻其言,察其行——课外资源做材料批注

七年级《历史》下册第四单元《抗日战争与解放战争》第21课"科学研究与民众教育"的内容主旨:中国高级知识分子满怀一腔爱国之志探寻救国、兴国之路,民国期间的科技、教育发展正是这批精英人才坚忍不拔、自强不息地寻求科学救国、教育救国之路的真实写照。本课是民族精神教育的最好载体,学生对"知道"层面的基础知识较易理解,因此,情感教育目标的达成是本课重点,选择哪些恰当材料,如何通过深入浅出、生动形象的学习让学生感悟到知识分子的爱国情操,体会到中华文明生生不息的内涵是本课的重点也是难点。课文内容缺乏具体的历史事件支撑,教学针对的是思维活跃的七年级学生,选择有趣生动的人物故事易吸引学生,以课外资源做材料批注,学生人手一张《历史名人谱》,学生先阅读材料再做批注,深层思考知识分子如何以智慧、实践活动、勇敢探索,甚至是生命、自己的作品去救国,他们的行为、事迹更能打动人,课堂教学资料的选择权有一部分交给学生,一方面学生可以选择自己感兴趣的内容,并与他人分享,另一方面教师也起到规范与引导的作用,让学生的选材符合实现教学目标的需要,同时,落实了历史学科"叙史见人,论史求通,学史重法"的思想原则。

3. 应用反馈梯表

哈佛"为理解的教学"网络培训使用的"反馈梯表"包括四部分:(1)澄清有疑问的地方;(2)肯定其价值;(3)提出潜在问题;(4)提出改进建议。使用"反馈梯表"可以反

思教学过程,从而有所长进;教师更理性地思考如何进行活动的设计;教师更好地设计学生活动,评价学生作业。学生:面对一份作业可以更加认真地思考"它"对我的作用,我做这份作业时的困难具体在哪里?我可以去寻求什么样的帮助。

八年级《历史》上册第四单元"从区域文明向全球文明的过渡"第15课"新航路开辟"中的"畅想天地"环节,为培养学生依据材料初步评价历史人物的能力,分析航海家表现出来的坚毅勇敢、百折不回以及唯利是图、残酷掠夺的两重性。菲律宾的麦克坦岛上有一块双面碑,正面写着"菲律宾土著人抵抗欧洲人入侵,在此击毙其统帅麦哲伦";背面写着"麦哲伦与菲律宾土著人激战,受伤后身亡于此"。如果为哥伦布立一块纪念碑,该如何设计?在碑文上写些什么呢?该把碑竖在哪里呢?虽然几百年来对哥伦布功过是非的争论一直未曾停息,但今天我们学了"新航路的开辟"这节课,相信你会有你的评价,试着把你对哥伦布的评价反映在碑文上。

学生从两面性评价历史人物,使用《反馈梯表》与学生交流本课的碑文设计,评价与教学同步。综合学生的反馈主要包括(1)可以设计更多航海家的碑文,自己选择。(2)希望不拘泥于形式能有自己的想法,在黑板上贴一张面像,一面代表善,一面代表恶,让有想法的同学上黑板在相应位置写下自己的观点,然后结合所有观点进行小组讨论。(3)可以自由选择四位航海家中的一个,改成写小传,有广泛思考空间。(4)把题目改成辩论,不必太正式、古板,分组收集史料以正反方引发争论,让每个人都有表达自己看法的机会,加强合作。(5)减少文字,游戏的出现可以增添乐趣。(6)呈现方式可以是两块碑,麦哲伦的碑有文字,哥伦布的碑没有文字。最好给出清晰的格式或举例说明。(7)可以设计双面形象的雕塑,一面是英俊的哥伦布,一面是丑陋像恶魔的哥伦布。

4. 自主体验,合作完成——课堂学习任务单

依据附校后"茶馆式"教学"课堂教学与评价平行"指导策略,今天重点想与老师分享课堂任务单。在中考制度改革即将出台的当下,探究历史学科课堂作业的布置尤其有价值,如何让历史作业不仅可以承担检验课堂教学的功能,还能为丰富课堂教学内容服务,兼具培养学生自主学习的能力。设计目标:(1)围绕核心概念,除文献史料还有哪些其他形式史料,提供的材料内容丰富,形式多样,符合初中生认知特点,激发学习兴趣;(2)思路清晰,结构严谨,以相应方法指导学生阅读教材和选用的材料;(3)主

题教学更加凸显,学生更能置身于历史时空审视历史,感悟历史,理解历史,实现"史识"的推陈出新。

七年级《历史》上册第五单元"多元文化的碰撞与交融的宋元文明"第 19 课"商业的繁荣与城市生活",本课内容主旨:两宋时期经济繁荣、科技发达、文化昌盛、艺术高深、人民生活富裕。这种文明反映在日常生活中,两宋的城市物质生活和文化生活都极其丰富,商品经济的发达是两宋社会经济发展的主要组成部分,还刺激了宋代城镇的发展,无论在城市规模、城市结构、市民阶层的衣食住行、娱乐生活都出现前朝未有的新气象。学生通过对图片资料的观察、描述,及文字资料的阅读与理解,两者之间相互印证,基本掌握理解两宋时期商业的繁荣影响市民生活,多样的市民生活推动商业繁荣。本课第七环节是小组合作、自主探究:归纳、整理《宋代市民生活特征表》,观察《清明上河图》再结合文献史料《东京梦华录》中的相关文字记载和教材内容,完成学习任务单。

学习任务单

班级_____ 小组成员_____

宋代市民生活特征表

分类	衣	食	住	行	娱乐
文字描述					

以"图文互证"北宋市民的衣、食、住、行、娱乐活动特点,设计的问题群:"服饰"建议解决的问题:宋代服饰的面料有哪些?宋代服饰(特别是女子)的特点是什么?"饮食"建议解决的问题:宋代饮食市场的情况如何?宋代的饮食习俗有何特色?能介绍宋代的茶文化吗?"住宅"建议解决的问题:官员和市民的住宅有何不同?能举一个例子证明宋代城市冲破坊市限制的特色吗?"出行"建议解决的问题:能根据《清明上河图》介绍宋代有哪些主要的交通工具吗?"娱乐"建议解决的问题:宋代有哪些娱乐场所?有什么特征?宋代娱乐活动有哪些形式?能概括宋代娱乐活动的特点吗?

小组合作探究,就是把所有小组成员的积极性都调动起来,让每一个小组成员都发挥出自己的才智,激发出每一个小组成员的求异思维,从而创造性地解决问题。因此,通过对局部画面的仔细观察和文字史料的解读,学生自主合作体验的任务单在完成后各有特点,有学生使用教材前部的宋代经济新格局中手工业丝织业的进步表现材料,有学生使用教材插图、教材小字材料补充描述衣食住行的精致多样,娱乐活动的通俗大众。

以本学期的三张任务单为例

依据"巧设问题,把握证据,提升价值"指导的N种教学方法,设计八年级《历史》第一单元"史前人类社会与古代区域文明"第5课"古希腊文明"。文本结构分为文明的起源、文明的发展、文明的全盛、文明的辐射。归纳、整理文明的起源、发展、全盛、辐射的典型事例,知道通过神话、传说、考古、史诗等实物史料、文献史料了解古希腊文明,会区分史料类型及互证价值。

第三单元"亚洲区域文明的发展"第13课"阿拉伯帝国",设计《导学任务单》引领学生自主学习,将本课凌乱知识建构为一位领袖、一种宗教、一个帝国、一种文化,帮助学生记忆理解,对教材形成整体认知,引导学生用多种方法收集、处理和评价历史信息,用证据说话,用历史的、辩证的眼光观察、评价历史人物,用史料证据从不同角度探究历史问题,分析阿拉伯—伊斯兰文化的突出表现、特点。

第五单元"资本主义制度在欧美的建立"第20课"美国独立战争",阅读教材,依据《学习任务单》整理、归纳美国独立战争的时间、人物、背景、进程、结果。落实史学思想方法之一用六个"W"概括历史事件,夯实历史核心素养:历史时空观,史料实证,历史理解,历史解释,历史价值观。本课难点在如何引导学生认识北美人民对自由与平等的始终坚持与追求。通过图文互证,引导学生从图片和材料中提取相关历史信息,理解绘画等艺术作品不仅具有写实反映历史的价值,更能折射特定时代的社会思潮。

二、长作业——课外作业

指导思想:附校是让所有教师都成为明师:明学生、明学科、明学理、明育人,而历史学科课外作业是实施个性化教育的重要部分,是培养学生个性化发展的重要途径,也是迸发教师实践智慧成为课程领导力主体的平台,教师可以充分尊重学生各方面的个性化差异,包括个人兴趣差异、发展目标差异、个人经历差异、学习过程差异等等,真正体现学生的主体地位,使学生学习内容个性化、学习目标个性化、学习角色个性化、学习经历个性化、学习效果个性化、评价方式个性化等。

- 培养学生的思辨能力
- 全方位理解历史事件和人物
- 提高综合分析史料及看问题和解决问题的能力

- 提高理性批判思维能力
- 有助于开拓国际视野
- 顾及不同学习能力的学生
- 活动生动活泼,激发兴趣
- 促进学生探究历史及社会政治经济等相关问题

1. 多角度、多立场评价历史人物

鼓励学生学会多角度看历史,即学会总结和发现各种关系,了解不同观点,学会同情理解,学会从他人的角度看问题。比如审视哥伦布发现新大陆,可以从欧洲人的角度;从美洲印第安人的角度;从非洲被奴役黑奴的角度,多立场诠释评价。还可以引领学生辩证地从政治、经济、文化,社会地位、思想认识的多视角评价历史人物。

七年级《历史》上册第三单元《大一统帝国与多民族融合》第8课"秦帝国的兴亡",秦始皇是我国历史上著名的皇帝,既有"千古一帝"的美誉,又是著名的"暴君",这样两个截然相反的称呼怎么会集中到一个人身上呢?到底他都做了些什么让人们对他的评价如此相悖呢?要想了解他到底是一个功勋卓著的"千古一帝"还是残忍暴虐的"暴君",得从了解一个朝代的兴亡开始,学过了这段历史,对这个帝国的缔造者秦始皇该如何评价的呢?

"秦王怀贪鄙之心,行自奋之志,不信功臣,不亲士民,废王道而立私爱,焚文书而酷刑法,先诈力而后仁义,以暴虐为天下始。"

——(西汉)贾谊《过秦论》

"秦始皇,向来都说他是暴君,把他的好处一笔抹杀了,其实这是冤枉的。他的政治实在是抱有一种伟大的理想的。"

——"现代中国四大史学家"之一吕思勉《中国通史》

"秦始皇的残酷无道达到离奇之境界,如何可以不受谴责?可是他统一中国的工作,用这样长远的眼光设计,又用这样精到的手腕完成,又何能不加仰慕?"

——黄仁宇《中国大历史》

历史是一门讲求证据,严谨论证的科学,讨论评价历史人物的基本方法,除了"论从史出,史论一致"注重严谨地甄选史料、使用史料,理解历史文献、文学作品、民间故事、民谣等的史料价值,还要全面、客观地、一分为二地评价,既肯定他的历史贡献,又要指出不足之处,不能以偏概全。秦始皇建立了中国历史上第一个中央集权的大一统国家——秦帝国,可是这个帝国又是历史上著名的短命王朝,只存在了15年就在农民起义的浪潮中被推翻了。强调历史人物评价可以从时代特征、社会地位、文化背景、思想认识等角度立体全面地理解、评价历史人物的作用和影响。

中华民族五千年历史,记载了众多有血有肉的历史人物,大多数学生的历史人物故事、传说是通过戏曲、历史小说、评书、影视网络等获取,课堂做史学方法论的培养之后布置荣誉作业(注:是学有余力的学生选做,完成加分,考评依据评价表,综合后得到的分数加在平时成绩考核里),时间是两周完成,做展板进行年级交流。

举例学生小报

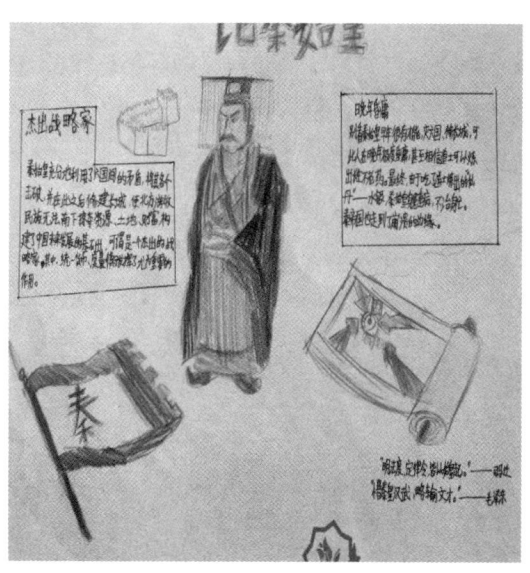

学生甲用原创绘画完成作业,生动鲜明的历史人物形象是阴阳脸,配图文字是说法一:他是个残暴的人,说法二:他是个厉害的人。

学生乙用"功"、"过"分别列举秦始皇的作为,功:统一六国;专制集权统治的建立;统一文字、货币、度量衡;夺取河套地区,防御匈奴;越族地区的开发,沟通水系;修建交通;私有制的出现。过:徵敛不断,赋税奇重;好大喜功,滥用民力;严刑峻法,民

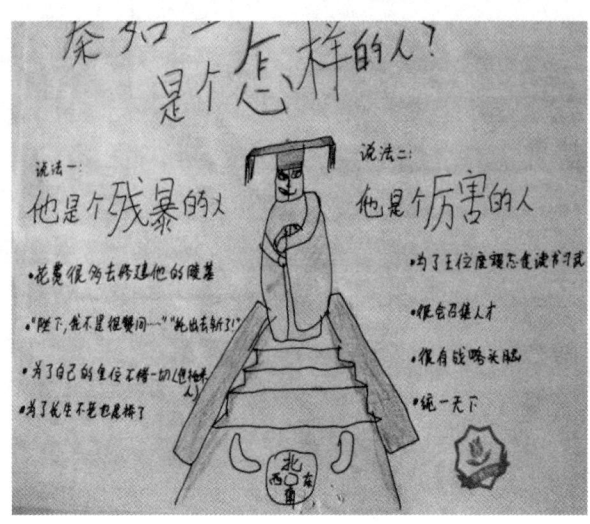

怨鼎沸;钳制思想,焚书坑儒。再引用古籍的点评,如李贽《藏书·卷二目录》:"千古一帝",章太炎《秦政记》:"虽四三皇,六五皇,曾不足比隆也",李白《秦王扫六合》:"秦王扫六合,虎视何雄哉!"……学生丙从"一个伟大的英雄"、"一个专制的暴君"评价秦始皇是个怎样的人。学生丁从秦始皇的"善面"、"恶面"评价。

之后学习第四单元《繁荣昌盛的隋唐文明》第 13 课《统一的隋唐时代》,本课内容主旨:隋唐走出了魏晋南北朝近 300 年的分裂割据,迎来一个统一的时代。为了巩固

国家统一,隋唐两朝君主在制度层面上推陈出新、继往开来,这些举措既奠定了隋唐的繁盛之基,更推动了中国制度文明的新发展。教学中认识科举制为隋唐的繁荣提供了人才,既有利于隋唐统治者控制人才,科举制的实施对于教育和文化的发展起到了推动作用,读书成为社会的风气,也使唐朝的诗歌达到鼎盛,有符合社会发展的考试制度的进步性,但它的弊端也有,比如录取的比例低,没有糊名制等,还不够完善,从两面性培养学生辨证分析问题的能力和思维方法。然而皇权至上的时代,统治者的才能和品性显得尤为重要,以视频让学生体验唐太宗的作为——以民为本、善于用人,从而理解贤君良臣、合理政策推动盛世局面的出现——盛世奠基。再布置课外荣誉作业《我眼中的唐太宗》,两周后年级组交流展板作业。学生不仅引经据典,列举名人评价,再做自己的评价,还知道引用史料注明出处,对不同材料做具体分析,开始懂得学习鉴证史料的价值,又得到表现自我、施展才华的机会。

2. 博览群书,纵观古今

给学生自主选择的空间,注重过程评价、学生自我评价和多维度评价(自评、互评、师评),着眼于"人"的培养,把学生引入课外阅读——打开视窗、拓展阅读,形成策略。(1)指导学生课外阅读,突出"循序渐进"的特点及"教师主导、学生主体"的原则,以影视阅读为引子激发阅读兴趣。(2)开发阅读资源——形成策略。A. 重在参与的阅读策略。按学生个性爱好特长不同提供可选择的书目,"精读"、"泛读"自主选择;B. 降低心理压力的阅读策略。突出"没有——初步——深入"的过程;C. 化整为零、循序渐进的阅读策略。引导学生制定简单易行的读书计划;D. 关注时尚流行的阅读策略。提升学生关注社会、参与社会、服务社会,运用既有知识和经验,多角度地认识和解决现实生活中的实际问题的能力;为养成适应社会发展和时代要求的生活观念,让学生学会做人,实现学生的心理体验、情感震撼、内心选择和精神升华。

历史学科作为人文学科的核心之一,充满着丰富深远博大的人文资源,在陶冶人格、开阔视野、传承文化、继承创新上发挥着重要的作用,因此,学生阅读理解能力的培养尤其重要,利用假期布置"博览群书,纵观古今"读书活动。

推荐书目(可以读老师推荐的,也可以自己选读喜爱的):《史记》(含《史记人名索引》)、《汉书》(含《汉书人名索引》)、《三国志》(含《三国志人名索引》)推荐几本历史启蒙的最佳读本:顾颉刚主编《古史辨》1－7册;钱穆《国史大纲》;黄仁宇的《中国大历

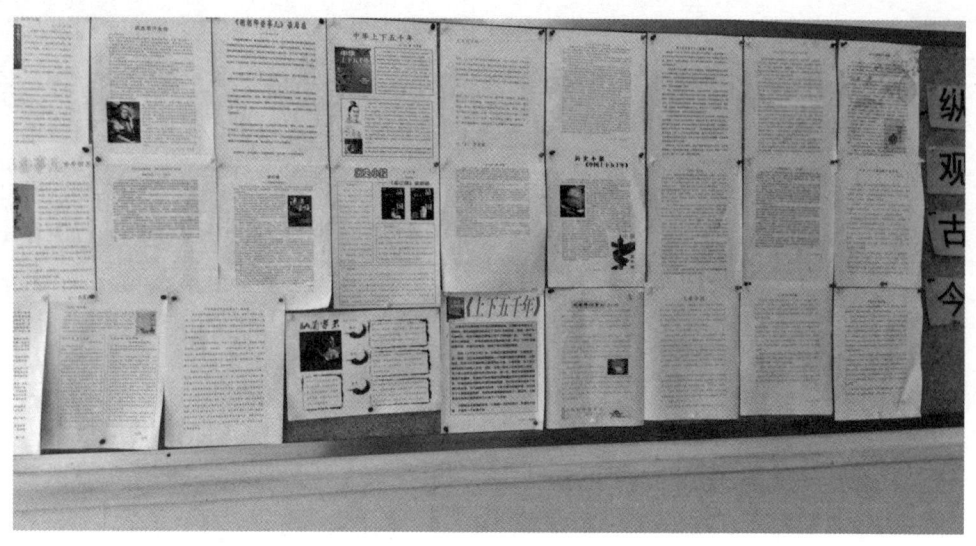

史》《赫逊河畔谈中国历史》《万历十五年》;柏杨的《中国人史纲》。还有流行、通俗易懂的历史读物:如袁腾飞的《历史是个什么玩意儿》、长风的《流氓与贵族》、当年明月的《明朝那些事儿》。还有《中国历史名人传记故事》(全10册)、《世界名人传记系列》(全10册)、《新版上下五千年》(1—4册)等。

开学交流的读后感作业,选择《上下五千年》《明朝那些事儿》的学生特别多。《上

下五千年》是一本记载中华民族在漫长岁月中,创造的悠久的历史和灿烂文化的书。悠悠岁月,上下五千年,中华民族饱经风霜,却又繁衍生息,千年不衰,在这五千年里沧海桑田,朝代更替,涌现出许许多多可歌可泣的历史人物,本书淋漓尽致地描写了发生的历史事件,涌现过的优秀人物,概括了中国远古至辛亥革命时期的重大历史事件及各时期的科技、文化、艺术和经济,给我们提供了一个更加透彻地了解中国的载体。可见,学生还是很乐意了解中国历史,对通俗读物也易接受。

3. 走进场馆,深度探究

历史知识不仅仅局限于课本,只要留心观察,就能够获得课本以外更多的历史知识。"教育即生活",古典文化博大精深,在趣味性、思维性、复杂性、现实性和人文性方面都具有独特魅力。悠悠华夏五千年流传下来的数之不尽的、闪耀着人性光芒的古典文化符号,给了我们永享不尽的精神宝藏,引导学生关注中国古典文化,了解历史上不同时期的人们的现实生活和精神面貌,与圣贤对话,与天地精神往来,陶冶自我人格,提升生命境界,提高思维水平,启迪心智,充实人文底蕴,发展健康个性。人文课走进上海博物馆;N项活动走进各类博物馆、陕西路名人故居、多伦路名人街等完成访谈任务单;在上海乡土历史中还有陈化成、顾正红、谢晋元等无数民族英雄,走进宝山陈化成、淞沪抗战纪念馆、闸北区顾正红纪念馆、四行仓库等,暑期小队活动走访"一大"、"二大"会址,做场馆志愿者亲历体验,撰写考察报告、感悟文章,实现资源共享。

参与"穿越时空的寻宝探源"——参观上海博物馆,北京或台北故宫博物院,撰写参观记;参与"网寻中国陶瓷器史讯"——任选秦兵马俑、唐三彩或青花瓷,了解他们本身所承载的历史文化价值、科技工艺价值和美学艺术价值,完成一篇学习小报告(要求:主题、目标、独特的思考视角);设计《纪念馆寻觅英雄的足迹》的参观任务单走进纪念馆,穿过时空的阻隔,揭开尘封的历史,探寻背后的故事,见证民族英雄的足迹,用心聆听历史,静心品味文化。

4. 兴趣拓展,亲历实践

以"校本化、课程化、系列化"为策略拓展学生学习和实践的时空,给多才多艺的附校学生展示的平台,学生差异是附校宝贵的资源,学生相互学习的机会在教师提供的舞台上,八年级历史课,七年级综合微课都发现了一些非常成功的案例,比如八(2)的

孙一豪讲拿破仑,八(4)金亮宇等同学讲文艺复兴的"艺术三杰"。综合微课"大明王朝之张居正归来"幽默风趣,"文艺复兴·美第奇家族"精彩纷呈。还有在附校思辨厅做微讲座。

作业效果的评价反馈

作业布置具体,细化要求,作业评价有科学性、灵活性和实践性。学生作业除短作业,另外布置些长作业,包括阅读书籍、写观后感、走进场馆、社会实践等,虽有难度但能弥补短作业的不足。制定《学生作业评价表》(见附录),这个规范的、多维的、具体的、分层的考评目标和评价标准,以参与探究实践活动的情感、态度、体验;参与探究实践活动的知识、技能;参与探究实践活动的过程、方法三维评价目标,和真棒、真不错、还行三层评价标准,自评、互评、师评的三种评价方式,加强对学生作业完成的指导、监督,提高学生的兴趣,促进学生的思维能力多元化发展,提升人文素质的培养和人文精神的熏陶,确保学生综合能力有所提高,比如解释能力、探究能力、比较能力、史料运用能力,还有应答能力、交流能力、信息技术运用能力、自学能力、问题解决能力、与他人合作能力。

学生作业评价表(附表)

评价目标	评价标准			评价形式		
	真棒	真不错	还行	自评	互评	师评
参与探究实践活动的情感、态度、体验	是探究活动的主要组织者和策划者,自己也承担部分探究内容,能将网络和图书里收集到的资料围绕主题归纳、整合、总结,提出个人见解,展示收集成果,共同分享感受,体现出整理信息的能力。	参与探究活动的组织、策划,也承担了部分探究内容,能将网络和图书里收集到的资料进行归纳、整合、处理,展示收集成果,体现出一定的整理信息能力。	未参与组织策划,仅完成分派给自己的一部分探究内容,将网络和图书里收集到的资料全部进行堆积,展示堆集成果,不能体现出整理信息的能力。			
参与探究实践活动的知识、技能	作品成果图文并茂,展示描述严谨、科学、恰当,分析能利用搜集掌握的材料,综合不同角度进行充分论证,有自己的观点和独到见解,灵活运用语言文字。	作品成果有图文,展示描述基本准确、恰当,分析能利用搜集掌握的材料,综合不同角度,发表自己的观点,组织材料进行论证,体现出自己的理解,没有语法、概念上的错误,没有错别字。	作品成果图文单一,展示描述不十分准确、恰当,给出观点,没有将材料有机组织起来进行论证,没有体现出自己的理解,有语句不通顺,字词使用不恰当,有错别字。			
参与探究实践活动的过程、方法	能清晰了解自己小组课题的宏观思路和微观探究结构,结合生活经验对照网上或图书资料、实地考察所得,引用多个典型、有说服力的资料证据,进行恰当比较、联系,完整而充分的论述,作品成果有创新。	对自己所承担部分非常了解,但对整体不太了解,能结合生活经验对照网上或图书资料、实地考察所得,进行比较、联系,引用典型、有说服力的资料证据,只是由兴趣制作作品成果,没有创新。	对自己所承担部分和整体都不太了解,能结合生活经验对照网上或图书资料,由兴趣制作作品成果。			

作业布置的反思

一、从布鲁姆的目标教学理论出发，教育要唤醒各种人的潜能，丰富人的个性。

为学生设计作业的目的是激发学生的兴趣，实现与历史的"亲密接触"，引导学生自己去体味历史，体会他们"心中的历史"，学生的活动多了，积极性高了，有利于培养学生的读书自学能力，又开阔了思路，发展了智力。用当代具有普遍价值的人文精神来理解历史，诠释历史，用现代人的观点来看待历史，用历史的观点来反思现代，让历史为今天的人们所用，为现在的社会所用，提升历史学科的育人价值，提升学生透过现象看本质的思维能力，落实人文素质教育，培养史学思想方法。同时把握学生成长过程中"学会做人"的时机，给予他们紧贴实际、直抵心灵、弘扬人性的人文教育，让学生珍爱和尊重生命、懂得与学会生存、体验并善于生活，学生作为一种活生生的开放性的、创造性的存在，带着自己的知识、经验、思考、灵感、兴趣参与活动，呈现丰富性、多变性、复杂性和个性化。

二、学生有主动探究的积极性，有知识经验的储备与积累，需要教师的引领。

作业是课堂教学内容的巩固、延续和补充，学生作业如果只是做着抄、写、背等重复劳动，在行为和思维方式上完全服从教师的指挥，毫无个性和创造力，学生就成了作业的傀儡，需要创设生活化作业、思维型作业、探究型作业、主题式作业等多样化作业，可以激发学生的多元化潜能。

注：本文刊登于 2016 年 12 月《后茶馆教学研究》（总第十二期）。

教学案例

6. 多样方式激活案例内涵

摘要　初中《社会》学科是通过案例问题的分析,提高学生辩证思维的能力,以多种方式增加案例文本的解读深度,目标是激活案例的德育内涵,让教的主导与学的主体在社会学科的教学中有机地结合起来。

关键词　案例的不同解读方式;引发学生认知冲突

初中《社会》学科是通过案例问题的分析,提高学生辩证思维的能力,所选案例往往是两难的,有争议的,具有一定研讨价值,这要求教师在教学中引导学生全面理性地分析问题。但是,这也给老师带来了新的难题:生成性问题较多,课堂掌控难度大;案例没有学科界限,讨论内容较杂乱;案例不存在唯一正确的答案,可能会出现"公说公有理、婆说婆有理"的局面,因而案例教学有助于激发学生的学习兴趣,有利于培养学生的创新精神和创新能力,教师在设计教学时,依据"后茶馆"教学"议"为核心,尽可能暴露学生的"潜意识",尤为关注"相异构想"的发现与解决,以多种方式增加案例文本的解读深度,目标是激活案例的德育内涵,让教的主导与学的主体在社会学科的教学中有机地结合起来。

一、以学生的生活经验为基础,探求解决问题的独特方案或最佳方案

如执教上册专题一"认识社会生活"中的一节"积极拥抱精彩世界",情景导入:歌曲《外面的世界很精彩》;指导学生阅读课文案例:《外面的世界很精彩》;学习与分析:

姜岚为什么希望独自外出旅游？姜岚具备哪些独自外出的条件？（提示：从自身因素、社会因素两个角度考虑）。讨论与思考：姜岚的父母不同意她独自一人外出旅游，理由是"不安全"，你认为一个14岁的女孩独自旅游可能面临哪些不利因素？三个因素（个人因素、社会因素、自然因素）→导致两个方面安全（人身安全、财产安全）→考验两种能力（自理能力、应变能力）；合作与交流：如果你支持姜岚的举动，你能提出哪些建议帮助她顺利完成这次旅行。（提示：从选择地点、所带的物品、与人交往的原则、应急预案、防身技能等角度考虑）；深化探究：姜岚要独自外出旅游引来了许多话题，说明我们的现实社会是复杂的，面对复杂的社会，我们青少年该怎么办？经验分享：青少年在日常生活中如何加强自我保护、预防侵害？

二、贴近学生的具体校园生活，激发学生自身的人文要素

如执教上册专题三"城市运行"中的一节"相互关联的各行各业"，通过视频多米诺骨牌和对案例"责任在谁"由浅入深的分析促进学生透过现象看本质，多角度、多立场地看待社会现象，感悟城市运行中部门行业的职责规范，把握整体意识和大局观念。之后分组合作策划一个"明星闪亮三十分"的校园活动方案，制定一个完整的方案要有活动时间、地点、主题、目标、步骤等。因为时间关系，本节课需要重点考虑活动将涉及学校哪些部门、个人？如何与相关部门、人员协调、沟通？并考虑特殊情况的预防、补救措施（应急预案）。从城市范围到学校内部，再到个人责任，从宏观到微观、从社会到个人，学生在实践中体验社会、感悟生活。

其实，生活中关联性无处不在，比如交响乐队演奏要互相配合，合作学习要搭档共同努力，集体游戏更是默契才能赢。因此，我们需要在生活中互相配合，把事情做好。当今社会需要互帮互助、彼此关爱，我们要学会合作，互相支持，主动承担，在承担责任中成长。

三、从学生熟悉的生活内容和情景中挖掘探究对象和案例蕴含的经验、教训

如执教上册专题四"走进市场"中的一节"如何保护自己的权益"，让学生从更高层

次融入生活,走进市场。通过六幅漫画构建起生活场景,让学生火眼金睛识"陷阱",提问漫画里消费者的什么权利受到侵犯?学生依据《中华人民共和国消费者权益保护法》九项权利看图抢答。在火眼金睛识"陷阱"后,正是捕捉学生情感的最佳时机,思考案例"一双打折鞋"中的商家侵害了消费者的哪些权益?在"经验分享"、"智慧课堂"环节中,把案例情境与学生生活相融合,拉近与学生的距离,通过分析案例中消费者小明和妈妈做得不妥当的地方,归纳出四条消费时需要具备的维权意识,把学生的经验提升到理性认识。生活于大都市上海的学生接触、融入社会的基本途径之一就是作为一名消费者,如何成为一个理性消费者、如何维护自己的消费权益,也是生存常识和基本生活技能教育,让学生从当今社会和生活中,捕捉与教学内容密切相关的现象、情境或问题,把它们引入课堂,引导他们把对现实问题的各种印象和感受、怀疑和问题带到课堂上来,展开无拘无束的对话,把学习与学生已有的生活经验结合起来,使学生在模拟的生活场景中不仅学到有关的知识和技能,更增加了生活的经验、教训。

四、打通学生的学习世界和生活世界、课程文本与生活文本的通路,把案例分析和相关法律知识相结合

如执教下册专题三"熟悉社会规则"中的一节《个人利益与社会道义》,以"后茶馆"、"读读,议议,练练,讲讲"多样方式挖掘案例内涵,领会当今商品经济活动中社会道义可以维护保障个人正当地获取利益,于是补充提及 2007 年 3 月第十届全国人大第五次会议通过了《中华人民共和国物权法》,全文一百二十条,第一百一十二条规定,权利人领取遗失物时,应当向拾得人或者有关部门支付保管遗失物等支出的必要费用。《物权法》规定了一个原则,在法律上属于倡导性条款,这种费用主要是保管费等必要费用,中国《物权法》没有明确规定"拾金不昧应获报酬"(国际上有将遗失物价值 3%—20% 作为报酬的惯例),给了学生更深刻的思考:依据《物权法》只有在悬赏遗失物的情况下,拾得人才可根据悬赏领得报酬。这是中国首次立法对拾金不昧者给予经济补偿,它增强了拾物人的归还动力,没有忽略市场经济条件下人对利益的要求,体现出对拾金不昧者的个人正当利益的保护,又提倡了社会公德。从经济学角度讲,遗失物付费也许是合理的,但什么事情都用金钱量化,用钱解决问题,人与人之间的关系被

金钱束缚,人情被庸俗的赤裸裸的金钱关系代替,自私自利、不择手段,会导致整个社会精神世界的失落,也让一些高尚行为庸俗化。

以上四种都是案例解读的不同方式,案例教学给学生造成身临其境的感觉,加深感性认识。另外,在民主和谐的讨论气氛中,学生独立思考,大胆交流,有较大的自由度和较多的展现自己的机会,在没有压力和顾忌的良好心态下,进行学习探索,容易产生学习兴趣,也有利于培养学生的创新精神和创新能力。创新精神是指那种不安于现状,力图改进创新的一种积极心理状态。而创新能力是指一个人具备的运用一切已知东西产出某种新颖、独特,具有社会或个人价值的未知东西。

运用案例教学法,感知案例——理解案例(教师引导、学生的合作讨论)——深入案例。在讨论中,学生充分发挥自己的想象力,不断探求自己解决问题的独特方案或最佳方案。这样,学生思维的敏捷性、灵活性、深刻性和批判性就会得到强化,从而激发学生的创新思维和培养学生的创新能力,案例是学生连接校园和社会的一座桥梁,是他们了解和认识社会的窗口!

学生在社会学科的课堂学习中"活"起来非常重要,这样的课堂生态可以发挥案例的作用,引发学生的认知冲突,那么,教师如何针对学生的学习实际来营造、捕捉学生的认知冲突?社会学科的案例大多可以营造出一个与学习内容密切相关、学生感兴趣的问题情境,由于看问题的立场、观点、价值观、切入的角度等因素,学生得出的认识有时会出现巨大的反差,学生之间的意见冲突,也可能导致学生产生道德价值观、人生观等方面的冲突,引导学生建立问题与已有知识经验密切相关的"链接",从学生的生活实际入手,引导学生发现并提出生活中的问题,让学生产生解决问题的欲望。

学生理解文本时,由于各自的经验、知识储备、生活环境等方面的不同,建构出来的认识存在着很大的个性化差异,教师及时发现学生的学习行为表现,针对学生的学习实际,把个别学生的认知冲突扩大化,转变成教师的教学资源,组织学生讨论,通过恰当引导,引发学生生成新的问题,产生有价值的新的认知冲突,此过程中,学生的表达能力、思辨能力都得到训练。

对教师而言,要真正做到在课堂中游刃有余,除了事先对教学过程进行精心准备和预设,同时更要对教学过程中学生的真实状态进行敏锐捕捉和发现,通过对学生的认知和情感需求状态的正确判断,适时调整活动进程,动态推进学生的有效学习和实践性活动。更多关注学生需要、提高学生兴趣,注重培养学生的思维方法,鼓励学生的大胆质疑。爱因斯坦曾说,提出一个问题比解决问题更重要,成功的教学在于让学生的思想冲破牢笼,让一个又一个"问题"从学生的心灵喷涌而出。学生的需求和课堂上的真实生成状态是教师的关注点和着眼点,这样的动态学习环境可以给学生创造更多发展自己、接触现实、了解社会的机会,由此在教师引领的问题层层深入中,实现学生经验的成长和基础学力的提升,真正将学习生活化。

这样的教学,动态生成性加强了,更加综合,不易把握,学生的认知冲突,给教师的备课带来了很大的难度,对教师的教学能力、水平提出了更高的要求。但,唯有这样,我们才真正地把学生当成了主体,才真正能够促成学生全面发展,实现自我。

注:本文原名"多样方式激活案例的德育内涵",刊于《上海教学研究》,2011年7—8月总第196期,第67—68页。

教学案例

7. 巧设问题，凸显案例的教学价值
——浅谈初中社会学科案例分析课的设计

摘要 社会学科中的案例分析课能使学生的辨证思维得到锻炼和提升。本文尝试从运用案例、巧设问题、发挥价值三个方面，论述初中社会学科中的案例分析课应如何开展，并通过呈现具体的课例进一步说明笔者的观点。

关键词 案例分析课；初中社会；课例

※课型说明

初中《社会》学科是基于学生的直接经验和已有知识展开学习的一门课程，是实践性、体验性课程，把本学科课型分为：案例分析课、社会实践课。"案例分析课"是学生与案例场景"亲密接触"，运用案例（感知）；巧设问题（理解）是教师引导学生合作讨论；发挥价值（深入）是教师引导学生拓展延伸。学生的思维逻辑建构：是什么、为什么、怎么做；学生的认知框架建构：判断问题、分析问题、解决问题。"社会实践课"以活动中应该遵循的原则和注意的问题提供给学生"亲历实践，深度探究"的活动方案，让学生走向社会生活的各个场所进行实地调查、访谈、参观、考察、取样，培养问题意识，提升探究能力，铸塑合作精神，提高实践技能。

※方法解释

1. 运用案例就是立足教材案例又不囿于教材

初中《社会》学科是通过案例问题的分析，提高学生辨证思维的能力，教材所选案例往往是两难的，有争议的，具有一定研讨价值，但是案例教学要跟上时代的要求，反

映当前的学生实际,需要立足教材案例又不囿于教材,教学时围绕主题进行案例拓展、更新,以保持课堂的鲜活生命力。比如教材上册专题三"城市运行"中的一节"相互关联的各行各业",通过视频多米诺骨牌和案例"责任在谁"体验城市是一个复杂的集合体,每个行业除了按照自己的规律运行,也会互相牵制,互相影响,牵一发而动全城。通过解答问题促进学生深层次思考,多角度、多立场地看待社会现象,感悟城市运行中的各部门、人员能各尽其责就是有整体意识、全局观念,提升认知层面应对复杂问题的能力,此刻的案例分析还与学生校园生活有很大距离,学生怎么做?因此需要通过实践操作描述等方式分组合作策划一个"明星闪亮三十分"的校园活动方案(提示:制定一个完整的方案要有活动时间、地点、主题、目标、步骤等,时间关系本节课中只重点考虑活动将涉及学校哪些部门、个人?如何与相关部门、人员协调、沟通?并考虑特殊情况的预防、补救措施或应急预案。)从城市范围到学校内部,再到个人责任,从宏观到微观、从社会到个人,学生在统筹安排,协调各方利益中,感悟合作意识,提升应对意外事件的能力,在校园生活实践中不以自我为中心,在承担责任中成长。

2. 巧设问题就是引发学生思考、有话可说

学生对源于自己熟悉的生活内容和情景会特别感兴趣,并有很强地参与探究的欲望,把学习与学生已有的生活经验结合起来可激发学习兴趣,比如教材上册专题一"认识社会生活"中的一节"积极拥抱精彩世界"。十四五岁的青少年正是生理和心理发生变化的时期,他们渴望独立和摆脱父母的羁绊,他们不满足书本所获得的知识,对外面的世界充满着好奇,希望独自去闯荡世界。案例说出了青少年对外面未知世界的向往和探求,青少年迟早要独自面对社会,解决生活中所出现的各种问题,通过案例来观察生活中的某些现象,培养辨别是非善恶的能力,使学生知道该如何面对复杂的社会环境,提高应对社会问题的能力。当今社会需要更多的人具有这样的良好品质和社会意识,而让这种社会意识从孩提时代扎根,成为必备的素质,才能更好地将其发扬光大。讨论与思考:姜岚的父母不同意她独自一人外出旅游,理由是"不安全",你认为一个14岁的女孩独自旅游可能面临哪些不利因素?三个因素(个人因素、社会因素、自然因素)→导致两个方面安全(人身安全、财产安全)→考验两种能力(自理能力、应变能力);合作与交流:如果你支持姜岚的举动,你能提出哪些建议帮助她顺利完成这次旅行。(提示:从选择地点、所带的物品、与人交往的原则、应急预案、防身技能等角度考

虑）；深化探究：姜岚要独自外出旅游引来了许多话题，说明我们的现实社会是复杂的，面对复杂的社会，我们青少年该怎么办？经验分享：青少年在日常生活中如何加强自我保护、预防侵害？

3. 发挥价值就是体现《社会》学科的"育人价值"

案例没有学科界限讨论内容就比较杂乱，案例又不存在唯一正确的答案，可能会出现"公说公有理、婆说婆有理"的局面。价值观的碰撞是一件痛苦的事情，学生在学校里接受的教育而形成的价值观，是在理想状态下形成的，但是社会是复杂的，许多社会问题并不像解数学题那样可以找到一个正确的解题方法。比如教材下册专题三"熟悉社会规则"中一节"个人利益与社会道义"，本课教学有一定的难度，给学生足够空间、时间说真话，往往偏离主题，教师导向性明确又束缚了学生的思维，如何引导学生推崇和弘扬"雷锋精神"同时又认可失物招领公司也鼓励了人们拾金不昧，这样的认识提升不是"灌输"而是学生自己在对话中感悟，为了提高教育教学的科学性、针对性和实效性，通过校园人际交往中的"有偿帮助"情境，比较同学交往追求友谊还是利益，以情感体验弘扬正确的价值观，感悟人有追求纯洁友谊的情感意愿，再从社会赈灾慈善到校园爱心义卖活动体会无偿帮助的雷锋精神是中华民族优秀传统文化的传承，这种精神是中华民族的凝聚力、向心力和创造力的源泉，是社会和谐发展的需要。在案例拓展部分补充提及2007年3月第十届全国人大第五次会议通过的《中华人民共和国物权法》，全文一百二十条，第一百一十二条规定，权利人领取遗失物时，应当向拾得人或者有关部门支付保管遗失物等支出的必要费用。《物权法》规定了一个原则，在法律上属于倡导性条款，这种费用主要是保管费等必要费用，中国《物权法》没有明确规定"拾金不昧应获报酬"（国际上有将遗失物价值3%—20%作为报酬的惯例），给了学生更深刻的思考：依据《物权法》只有在悬赏遗失物的情况下，拾得人才可根据悬赏领得报酬，这是中国首次立法对拾金不昧者给予经济补偿，它增强了拾物人的归还动力，没有忽略市场经济条件下人对利益的要求，体现出对拾金不昧者的个人正当利益的保护，又提倡了社会公德。从经济学角度讲，遗失物付费也许是合理的，但什么事情都用金钱量化，用钱解决问题，人与人之间的关系被金钱束缚，人情被庸俗的赤裸裸的金钱关系代替，自私自利、不择手段，会导致整个社会精神世界的失落，也让一些高尚行为庸俗化。

※课例阐述

《社会》教材上册专题四"走进市场"中的一节"如何保护自己的权益"。

内容分析

《社会》学科旨在让学生了解社会、理解社会,为将来更好地进入社会做好准备,课堂需挖掘出让学生探究的对象和内容中蕴含的经验、教训,并引导学生认真总结经验、教训,从而解决学生学习和生活中的实际问题。比如"如何保护自己的权益"一课是让学生从更高层次融入生活,走进市场,在"趣味,品位,思维"的方向指引下把课堂回归到学生生活。

学情分析

生活于大都市的学生接触、融入社会的基本途径之一就是作为一名消费者,如何成为一个理性消费者、如何维护自己的消费权益,也是人生观、价值观教育的一个方面。学生的思维方式已处于直观形象思维到逻辑抽象思维的转型,课堂里通过亲身体验、感受等手段,教师结合教材案例做分析、引导,让学生依据已有的知识和生活经验透过现实经济生活中纷繁复杂的现象,认识到维护自身权益的重要性,懂得依法解决消费者和经营者争议的一般途径,提高依法保护自己合法权益的能力,体现"生活教育化、教育生活化"。

教学目标

1. 认识自己作为消费者的角色,了解维护消费者权益知识,初步用于指导实际消费,懂得维权意识、维权途径,在实际生活中提高自我保护意识。

2. 增强自己作为消费者的权利意识,自觉做一个文明的消费者,能运用所学知识,依法保护自己的合法消费权利。

教学重、难点

消费者权利的主要内容;权利实现的形式、途径。

教学过程

1. 运用案例——了解消费者的基本权益

(导入)图中有什么数字?是什么节日?国际消费者联盟组织于1983年确定每年3月15日为"国际消费者权益日"。为什么要确定国际消费者权益日?让我们要学会消费,更要学会保护自己的权益。今天来谈论这个话题:如何保护自己的权益。你知道自己作为消费者究竟拥有哪些权利吗？通过六幅漫画构建起生活场景，让学生火眼金睛识"陷阱"，提问漫画里消费者的什么权利受到侵犯？学生依据《中华人民共和国消费者权益保护法》九项权利看图抢答。消费者与商家的纠纷，常常起因于利益冲突，那么责任在谁呢？看案例《一双打折鞋》，进入案例解读环节。

2. 巧设问题——提升消费者的维权意识

学生边读边思考这家鞋店的经营存在哪些问题？商家侵害了消费者的哪些权益？购物者"雾里看花"，除考虑自己的经济实力，主要参考的就是广告宣传，促销广告为吸引消费者，说得过头一点夸张一点可以吗？分析了鞋店的不诚信表现，那么，案例中小明和妈妈看到促销广告就决定买打折鞋有什么不妥当吗？在买鞋时小明和妈妈还有什么做得不妥吗？如何做一个聪明的消费者？"经验分享"、"智慧课堂"环节，把案例情境与学生生活相融合，把经验提升到理性认识，归纳出消费者在消费前需要具备的维权意识：1. 购物时注重商品性价比，不能只看商品价格；2. 不盲从广告宣传，学会货比三家；3. 买东西一定索取发票或有法律效力的凭证，提高自我保护意识；4. 买促销商品要了解商品特征，了解经营者对商品的解释等。

3. 发挥价值——体验消费者的维权途径

商家对消费者权利的侵害方式可以说是五花八门，作为消费者要擦亮眼睛，消费前有维权意识，消费后懂得如何维权。可是，虚假广告害人不浅，小明的初衷是想买物美价廉的商品，可事实却不尽如人意，当事情已经发生，自己的权益受到侵害，对当事人是一种遗憾，也是一次挫折教育，应该通过什么途径和方法有效保护自己的合法权利呢？假如你是小明，而且坚持要店家退款，你打算通过什么途径来解决？请你设计行动步骤。分组归纳出五种途径：协商和解、调解、申诉（投诉）、仲裁、诉讼。作为消费者合法维权，学会依法保护自己的合法权利。

课后反思

美国著名心理学家布鲁纳说过："学习的最好刺激，乃是对所学材料的兴趣。"比如有鲜明的时代性，强烈讽刺性和幽默性的漫画，可以使抽象的知识形象化、直观化，激发学生兴趣还培养了学生观察力、想象力。知道一名消费者如何成为一个理性消费者、如何维护自己的消费权益，也是生存常识和基本生活技能教育。后"茶馆"的课堂尤其关注"对话"，学生在模拟的生活场景中不仅学到有关的知识和技能，更增加了生活的经验、教训。卢梭说：应当教会孩子在"成人后怎样保护自己，教他经得住命运的打击，……教他在必要的时候，在冰岛的冰天雪地里或者马耳他岛灼热的岩石上也能够生活。……问题不在于防他死去，而在于教他如何生活"。

注：本文刊登于 2015 年 4 月《上海课程教学研究》(总第 4 期，第 59—62 页)。

教学论文

8. 学生认知凸显案例"育人价值"
——基于"个人利益与社会道义"一课分析

摘要 凸显案例"育人价值"——民族精神教育与中华优秀传统文化相结合;教的主导与学的主体相结合;相关法律知识和学生生活经验相结合。

关键词 案例"育人价值";学生认知冲突

一、育人价值分析

初中《社会》学科的"育人价值"是通过师生对每课案例的分析与解读来实现的,所选案例往往是两难的,有争议的,教学从现实社会现象入手,以案例为载体,以问题为中心,以学生的生活经验为基础,通过对问题的分析,提高学生辩证思维的能力。比如《社会》下册教材专题三的第三节《正当获取利益》中"个人利益与社会道义"一课,可以帮助学生学会某种分析问题的方法,如辨证全面地看问题的方法,我个人认为此案例教学在思维方法上的育人价值比较明显。此课教学目标(1)以"后茶馆"式的教学,设计"读读、议议、练练、讲讲"多样环节挖掘案例内涵,领会当今商品经济活动中社会道义可以维护保障个人正当获取利益;(2)再通过校园人际交往中的"有偿帮助"情境,比较同学交往追求友谊还是利益,以情感体验弘扬正确的价值观,感悟人有追求纯洁友谊的情感意愿;(3)从社会赈灾慈善到校园爱心义卖体会无偿助人的雷锋精神是中华民族优秀传统文化的传承,这种精神是中华民族的凝聚力、向心力和创造力的源泉,是社会和谐发展的需要。

学生理解文本时由于各自的经验、知识储备、生活环境等方面的不同,建构出来的认识存在着很大的个性化差异,针对学生的学习实际,把个别学生的认知冲突扩大化,转变成教师的教学资源,引领学生推崇和弘扬"雷锋精神",同时又认可失物招领公司也鼓励了人们拾金不昧,这样的认识提升不是"灌输"而是学生自己在对话中感悟到的,通过恰当引导,引发学生生成新的问题,产生有价值的新的认知冲突,本课链接部分学校和班集体中发生的真实事例,尽可能贴近学生的生活实际,以利于学生更好地理解教学内容,增强对"雷锋精神"的认同感,此过程中提高了教育教学的科学性、针对性和实效性,学生的表达能力、思辨能力都得到训练。

二、教材案例分析

1. 凸显案例"育人价值"——民族精神教育与中华优秀传统文化相结合

《社会》学科的课程标准对"两纲"有如下阐释:引导学生形成良好的生活态度,正确处理个人与他人、个人与社会的关系,进而对个体生命在社会中的价值和意义有所感悟,社会教学的第一要素是为生活而教,为养成适应社会发展和时代要求的生活观念而教,就是让学生学会做人,要培育学生的人文精神,就是要挖掘历史最悠久的中华传统文化,使学生能够有效地吸取我们民族的智慧和力量,增强人文精神和科学精神,接受深刻的中华民族精神教育。

几千年来,"拾金不昧"属于传统道德底线,是和谐社会需要更多人具有的良好品质和社会意识,让这种社会意识从孩提时代扎根,才能更好地发扬光大。《社会》下册教材专题三的第三节《正当获取利益》中"个人利益与社会道义"就是依据已有的知识和生活经验探讨、感知雷锋精神是中华民族优秀传统文化的传承。

2. 凸显案例"育人价值"——教的主导与学的主体相结合

《社会》学科的师生"双主体"和谐发展,就是师生在不同层面都有各自的主体地位,都发挥着各自的主体作用,师生成为一个共同提高、和谐发展的生命共同体。这一过程中师生的主动性和创造性得到激发,师生这一对生命主体在思想道德建设中形成更为完善的世界观、人生观、价值观,达到心灵的净化和感知,使德育教育的过程和方法得到真正内化。因此,如何让教的主导与学的主体有机地结合起来,使课堂生动活泼而又亲切自然,我想:既包括事先对教学过程的精心准备和预设,同时更要对教学过程中学生的真实状态进行密切关注,通过教师对学生的认知和情感需求状态的价值判断,不断调整活动,经历对话、沟通和合作,产生相互影响,以动态生成方式推进学生更加有效地学习。教学活动本身就是实践性很强的活动,要直面学生真实的认知过程,"为学习和学习者而设计教学"。对于学生的认知冲突和疑惑,教师要敏锐地捕捉和发现,灵活及时地进行分析调控,要思考通过什么样的设问、追问和提供什么样的支持来解决学生的认知障碍。对于学生而言,没有亲身体验,教育者的观点和结论就是没有生命力的教条。通过对话、提问、比照、分享观点、合作反馈等交往环节,学生能亲身体验、感受,教师要结合教材案例做分析、引导,才可以促进学生的深层理解。

《社会》下册教材专题三的第三节《正当获取利益》中"个人利益与社会道义"教学案例《"雷锋公司"遭遇的尴尬》最初设计讨论题,提出问题:雷锋公司与失物招领公司有什么不一样吗?你能找出区别吗?分析"雷锋公司"与"失物招领公司"的创办动机和支持动力各有不同,这就将雷锋公司与失物招领公司对立起来,倾向性过于明显,在之后的教学中删除"以雷锋公司与失物招领公司有什么不一样吗?你能找出区别吗?"此问题,从"雷锋公司"是一个什么样的民间机构?服务目的是什么?"雷锋公司"为什么起名叫雷锋公司?再讨论"你拾到东西会交给雷锋公司还是失物招领公司?"说明理由。预设学生三种选择(有递进关系):(1)选择不上交失物,占为己有(不可以做);(2)失物招领公司"利"之获取合"法"、合"德"就是正当利益,它的有偿服务也倡导了拾金不昧精神,给拾物人一定的报酬,可以鼓励更多的人们上缴失物。"利",也包括人们所追求的自我价值感,荣誉感、尊严等(可以做);雷锋公司有"拾金不昧",值得推崇和弘扬(提倡做)。在实际教学中不同班级出现了不同回答,多数学生受传统观念影响,羞耻于赤裸裸地谈金钱,讲真话的勇气受到限制,个别胆大的学生还是会"起哄"、"调皮"一下"要报酬、利润",有一位学生说:"我会把拣到的便宜东西上交,贵的不上交。"全班哄笑,此刻追问学生"如果你的贵重物品丢失了,你会是怎样的心情?"依托学生的认知冲突,教师及时追问实现课堂教学的衔接过渡,学生的不同"构想"可以成为教师顺势引导学生的有效资源,它更是课堂上出现的动态生成性课程资源。"几乎人人都有过遗失东西的经历,小到钥匙、眼镜、硬币,大到护照、身份证、手机、巨款,你有没有丢失过贵重的物品？如果有，谈谈当时的心情。"之后又提出："多数人在自己丢掉东西失而复得后，愿意给返还人适当支付报酬或者馈赠，如果别人给你送回了失物，你会付他报酬吗？"可以把课堂教学引向深处，学生在自觉参与讨论中思想感情得到熏陶，精神生活得到充实，道德境界得到升华。

3. 凸显案例"育人价值"——相关法律知识和学生生活经验相结合

学生已有的知识经验与新的问题情境之间存在矛盾会产生认知冲突，学生为消除认知冲突以实现新的认知平衡而迅速激活旧的认知结构，从中选择和接受相关信息，并对信息进行有目的的加工，这样能够有效地唤起学生的思维注意，激起学生思维的兴奋点，所以学生产生认知冲突可以凝聚思维焦点，提高课堂教学中教师的教与学生的学的针对性和指向性。古人云："君子爱财，取之有道。"利润、报酬是正当利益，当今商品社会"正当利益"如何界定？案例《"雷锋公司"遭遇的尴尬》中提及的失物招领公司不仅仅是一种商业行为，失物招领公司的市场行为符合规则，它的有偿服务也倡导了拾金不昧精神，给拾物人一定的报酬，可以鼓励更多的人们上缴失物。因此2007年3月第十届全国人大第五次会议通过了《中华人民共和国物权法》，全文一百二十条，第一百一十二条规定，权利人领取遗失物时，应当向拾得人或者有关部门支付保管遗失物等支出的必要费用。《物权法》规定了一个原则，在法律上属于倡导性条款，这种费用主要是保管费等必要费用，中国《物权法》没有明确规定"拾金不昧应获报酬"（国际上有将遗失物价值3%—20%作为报酬的惯例），给了学生更深刻的思考：依据《物权法》只有在悬赏遗失物的情况下，拾得人才可根据悬赏领得报酬。这是中国首次立法对拾金不昧者给予经济补偿，它增强了拾物人的归还动力，没有忽略市场经济条件下人对利益的要求，体现出对拾金不昧者的个人正当利益的保护，又提倡了社会公德。借助相关法律知识设置学生的认知冲突：从经济学角度讲，遗失物付费也许是合理的，但"雷锋精神"缺失会导致什么后果？

为消除学生认知冲突，再设新的与学生生活经验相结合的问题情境。在传统观念里，帮助人而又谋求回报，是非常不高尚的行为，随着时代变迁，许多中学生也把市场经济里等价交换的交易原则引进到了自己的人际关系中，"有偿帮助"究竟是对是错？在同学交往中追求友谊还是利益？

任何人都是社会的人，都不能脱离他人的帮助而存在，也不能脱离他人的关心而生活。古代先贤有许多关于助人为乐、成人之美、先人后己的处世格言。当今商品社会如何面对个人利益与社会道义的价值抉择？在全球灾害频发，到处是地震、海啸、洪水、干旱时，大爱无疆，中国有着一方有难八方支援的传统，许多以慈悲为怀的个人、团体加入慈善活动，红十字会的捐资助学、无偿献血；"无私奉献"的助残义工；青海玉树地震中舍身救人的香港义工黄福荣；世博园里的志愿者……

  课堂里以情感体验弘扬正确的价值观，感悟人有追求纯洁友谊的情感意愿，从社会赈灾慈善到校园爱心义卖体会无偿助人的雷锋精神是中华民族优秀传统文化的传承，中华民族的民族精神、文化生命长盛不衰，正是基于这种关怀天下的责任感和使命感。

  注：本文于2017年4月参与静安区教育局德育室举办的"征集社会主义核心价值观教育育人资源"活动，荣获优秀作品奖。

教学案例

5. 备课改进带来的效益
——从"甲午战争"一课说起

案例背景

课改后的历史教科书突出了新的教育理念,设计了新颖的教材体例,以时代性、适应性、生活性优化了教学内容,基于此种认识,教师的备课就是以"教参"为依据钻研教材内容,厘清教师本人对文本的理解,课堂里使用多媒体展示大量材料信息,直观、生动、丰富,表面上学生眼界大开,而本质是教材成为教学的主宰,教学从教材出发,最后又回归教材,看不到历史课堂里学生的主动性和灵活性。其实,教学中教师和学生的"教"与"学"是一个再创造的过程,通过师生的活动,最大限度地充实和丰富教科书所设计的历史基础知识的框架,更要使文字知识"活"起来,能否做到这一点直接关系到历史知识的质量和水平,进而关系到三维目标能否有效达成,而"后茶馆"的"读读,议议,练练,讲讲,做做"多样的学习方式可以使历史学科内容呈现活灵活现、学生学习活泼活跃、教师教学灵活机动,因此,教师备课时以"读读,议议,练练,讲讲,做做"进行教学设计,增加对文本解读的"广度"、"深度",关注问题的设计,特别关注核心问题的设计,尽可能呈现学生的"闪光点"和"相异构想",即直面学生真实的认知过程,使历史课堂充满活力。

案例描述

"甲午战争"一课是七年级(下)历史教材第一单元《列强侵略与民族危机》最后一

节,源远流长的中华文明在西方列强的坚船利炮中开始了近代化的艰难起步,甲午一战惊天人,战争引起中国社会大变局,改变了东亚政治版图,是中国近代史上的重大事件。洋务派"中体西用"迷梦彻底破灭,中国近代化在器物层面的变革失败,一方面引发列强瓜分中国的狂潮,使中国进一步陷入深重的民族危机,面临生死存亡的关头,另一方面中国经此奇耻大辱,开始觉醒,从而走向制度层面的变革,成为近代民族觉醒的重要转折点。

过去的教学设计是以问题引领,以多媒体展示为主,具体第一环节提问(导入):在1894年中日之间为什么会发生如此大的冲突呢?第二环节围绕教材第一目"黄海海战"提问:日本发动战争的目的和战争的名称,揭示日本发动侵略中国的战争必不可免,根据材料比较双方的实力及战争结果,讨论为什么黄海海战后中国军队会一败涂地?放映历史影视片段《黄海海战》,特别关注北洋海军将士的英勇事迹,并讲述民族英雄邓世昌的故事。第三环节围绕教材第二目提问《马关条约》是哪一年签订的?如何签订的?双方的全权代表是谁?签约的地点在哪里?条约的主要内容是什么?给中国社会造成了哪些影响?观看影视片段,思考问题,得出有关历史信息。最后投影《时局图》,提出问题:图中的象征物各代表哪些国家及他们各自在中国的势力范围?图中的清朝官员在做什么?说明帝国主义瓜分中国的危局,甲午战争的失败和随之而来的瓜分危机,使中国的有识之士猛然惊醒,纷纷行动起来,探索救亡图存的道路。以此激发学生"天下兴亡,匹夫有责"的使命感。

现在以"后茶馆"的"读读,议议,练练,讲讲,做做"多样学习方式进行教学设计,具体设计是环节一"学史"(回放海战),"读读,讲讲"依据历史事件五要素引导阅读教材,用五个"W"归纳甲午战争的时间、背景、过程(主要战役、涉及的主要历史人物和事迹)、结果(空前丧权辱国的《马关条约》内容、影响);环节二"思史"(人文关怀),"练练,讲讲"比较战场上自杀殉国的邓世昌、丁汝昌事迹,英国人阿伦《旅顺落难记》描述的大屠杀场景,《走向共和·春帆楼谈判》李鸿章签约时的哀求、屈辱,《子午书简·绝版李鸿章》"罪臣"两次失去"三眼花翎"、"黄马褂"的影音资料,再读政敌梁启超"吾敬李鸿章之才,吾惜李鸿章之识,吾悲李鸿章之遇"这句话,深刻感悟个人命运的悲剧在国家的危难中无法避免。环节三"鉴史"(探究今世),"议议,做做"讨论"我们痛定思痛后该思考什么(经验教训)?生活于今天的你,学习了本课之后有什么忧患意识吗?"利用

"细节"激发学生的兴趣,实现与历史的"亲密接触",引导学生自己在多样化的学习过程中去体味历史,体会他们"心中的历史"。

案例反思

过去在教学环节上是按教材内容设计,整节课以解读文本为重,关注的是如何增强教材的生动性,在预设问题的牵引下,学生没有太多时间与空间动手动脑,教师"掌控"一切,整堂课成为一张张幻灯片的播放与讲解,用事先设计的课件演示流程取代学生思维的发展轨迹,单一的学习方式使学生眼里的历史仍然是"养在深闺",不食"人间烟火"。比如"甲午战争"一课结束,学生感知到的历史是有"距离"的,对深刻的历史教训"落后必然挨打"较难有感性理解,更不必说历史思维习惯的培养。

"后茶馆"的多样化学习方式将课堂里的学生活动划分为三个层次,即获得信息、组织信息、分析信息三个层面。第一层面"获得信息"多数学生通过"读读,练练"可以自主完成,但局限于教材的一点"学究",学生得到的只是对本节教材的认知感,谈不上情感升华,没有充分体现历史教育的社会功能和时代要求。比如"甲午战争"以冰心题词导入,100多年前中日甲午战争的炮火硝烟早已散去,但是,当年战场上那一幕幕悲壮的情景仍将不时地浮现在我们眼前。今天,我们重温这场战争的历史,缅怀阵亡的爱国将士,就是要从中吸取刻骨铭心的历史教训,防止历史悲剧的重演。第一环节"学史"(回放海战)学生泛读教材,用五个"W"概括、整理出海战时间、爆发的直接原因,战争过程(两场陆战、三场海战),战争结果、影响并完成《练习册》第9页一题。过去在教师"掌控"下花费整节课解读的文本内容,现在只要十五分钟就可以完成,在人文课程里,对文本可以有十几种理解,历史学科作为人文学科的核心之一,充满着丰富深远博大的人文资源,在陶冶人格、开阔视野、传承文化、继承创新上发挥着重要的作用,因此,学生阅读理解能力的培养尤其重要,这是一个积累与感悟的过程,教师可以指导,不可以"代劳"。

第二层面"组织信息"就是筛选教学内容,教材只是课程实施的一种文本性资源,教材可以超越,可以选择,可以变更。学生对历史事件的认识和感悟是丰富的、个性化的,教科书限于篇幅和结构,对历史人物和事件的叙述比较抽象,学生会觉得所学内容和自己没什么关系,甚至会觉得很无聊,因此,在"议议,讲讲"环节中选择典型材料尤其重要。材料选择的标准是激发学生的学习兴趣。过去的教学模式里学生的学习兴趣和动力往往被忽视,因为选择的材料是为了解读文本的深刻内涵,而历史课堂是一个感知历史、理解历史、运用历史知识的过程,要使课堂充满生机和活力,就要使学生的广阔性、灵活性、敏捷性的历史思维展现出来。著名教育家波利亚说:"学习任何知识的最佳途径是自己去发现。"对知识而言,学生的独立思考、互相讨论、思维澄清的过程就是自己发现的过程。比如"甲午战争"第二环节"思史"(人文关怀)提问:身处那个时代的人们有着怎样的命运?引导学生与材料中的人和事对话,材料呈现的"精辟见解"可以使学生"讲出它的意义",从中获得历史的知识和认识,又帮助学生以小见大,由微见著。

  第三层面"分析信息"就是如何运用材料。材料的运用需要教师的才智与机敏,要发挥材料的多重作用,还需要对材料进行设计,明确所用材料要达到怎样的目标,应当设计怎样的问题,学生会从材料举证中得出什么"认识"、"启示"。根据初中学生的心理特点和认知水平,增强内容表述的亲和力、呈现形式的多样化,从学生容易理解的角度给学生一定的思考情境,从中提升思想认识和历史感悟,比如在大家熟悉的话题里,用一个新的角度去反思历史和感悟历史,以"议议,做做"的学习方式展开教学,用材料牵引学生从生动、直观的史料里提取表层(直接)信息还能挖掘部分隐含的深层(间接)信息,提升学生透过现象看本质的思维能力,并渗透史学意识,培养学科能力。"甲午战争"第三环节鉴史(探究今世),百年之后的海战祭文:"以百年国耻激励后人,教育后人,前事不忘后事之师"(——冰心);我们痛定思痛后该思考什么?(经验教训)生活于今天的你,学习了本课之后有什么忧患意识吗?抓住身处那个时代的不同阶层人们的命运,用故事描述海战将领悲壮自杀,阅读亲历者日记里的屠杀,观摩影像用艺术的夸张凸显李鸿章无比的屈辱,使学生深刻感悟个人命运的悲剧在国家的危难中无法避免。当时不同阶层人的悲惨境遇可以激发学生联系自身生活,讨论今天的忧患意识、危机意识。因此,学生认为:出生在战火纷飞的年代,命运十分不幸,反过来说出生在现在这种安逸的年代,幸福生活比比皆是,作为祖国的新一代,绝不能再沉迷于日本动漫、游戏,应居安思危,努力学习,长大后为国争光。学生自觉地把个人的命运与祖国的命运紧密结合起来,有了使命感、荣誉感和责任感。

其实,"后茶馆"教学的完善是教师不断探索的过程,以"读读,议议,练练,讲讲,做做"进行的教学设计,学生的活动多了,积极性高了,有利于培养学生的读书自学能力,又开阔了学生的思路,发展了智力,学生作为一种活生生的、开放性的、创造性的存在,带着自己的知识、经验、思考、灵感、兴趣参与课堂活动,在尊重历史事实的基础上,以现代人的感知审视、记叙、诠释、解读和总结历史,使课堂教学呈现出丰富性、多变性、复杂性和个性化。

教学案例

6. 多样化的历史课堂

案例背景

历史课堂的"读读,议议,练练,讲讲"可以使历史学科内容呈现活灵活现、学生学习活泼活跃、教师教学灵活机动,使历史课堂充满活力。此种多样化教学环节都是直面学生真实的认知过程,教师以相应的方法指导学生阅读教材和选用的材料,围绕核心概念以学生最有兴趣的话题动态推进学生的有效学习,不约束学生的思考,多培养学生的发散思维和创新思想。

案例描述

(1) 七年级(上)《历史》《辽阔帝国的统治》教学环节一"读读,讲讲"教材导读:铁蹄过后是中华文明的跟进与传播,忽必烈以开阔的胸襟在十三世纪创造了中国文明的又一个高峰,面对纷至沓来的各种文明形态,忽必烈有着怎样的取舍? 积极吸收汉法创造了怎样的昌盛? 对之后的中国产生了哪些影响? 环节二"练练,讲讲"诱发深层次的思考,进一步提出:蒙古贵族把人分成四个等级,有民族歧视和压迫,但也能够积极吸纳多元先进文明,聚拢各族精英,比如成吉思汗非常器重耶律楚才,忽必烈比较早地接触了汉族文化,谋士刘秉忠是忽必烈最宠信、亲密的汉族文臣,可是也有忽必烈想笼络没有成功的人——抗元英雄文天祥。我们基于当时的历史背景下如何看待文天祥的抗元行为? 观摩视频《上下五千年·正气歌》论从史出,思考:既然元统一全国功绩卓著,文天祥坚持抗元是否意味着不识时务,逆历史潮流呢?

(2) 七年级(下)《历史》《甲午战争》教学环节一"学史"(回放海战),"读读,讲讲"依据历史事件五要素引导阅读教材,用五个"W"归纳甲午战争的时间、背景、过程(主要战役、涉及的主要历史人物和事迹)、结果(空前丧权辱国的《马关条约》内容、影响);环节二"思史"(人文关怀),"练练,讲讲"比较战场上自杀殉国的邓世昌、丁汝昌事迹,英国人阿伦《旅顺落难记》描述的大屠杀场景,《走向共和·春帆楼谈判》李鸿章签约时的哀求、屈辱,《子午书简·绝版李鸿章》"罪臣"两次失去"三眼花翎"、"黄马褂"的影音资料,再读梁启超"吾敬李鸿章之才,吾惜李鸿章之识,吾悲李鸿章之遇"这句话,深刻感悟个人命运的悲剧在国家的危难中无法避免。环节三"鉴史"(探究今世),"议议,讲讲"讨论"我们痛定思痛后该思考什么(经验教训)?生活于今天的你,学习了本课之后有什么忧患意识吗?"

(3) 七年级(下)《历史》《新文化运动》导入部分启发诱思,总结近代思想发展史知识脉络(强调新文化运动的两个发展阶段);环节一"读读,讲讲"依据历史事件五要素,泛读教材搭建知识框架(用五个"W"),完成新文化运动内容(概况表)和《练习册》呼唤"德先生"与"赛先生",进而了解北大的三只"兔子"和一头"牛",结合视频《人物·永远的北大校长》理解北大成为新文化运动阵地的原因;环节二"练练,讲讲","文学之中品历史"赏析巴金的《家》、鲁迅的《狂人日记》、胡适的《蝴蝶》、刘半农的《教我如何不想她》,发现新文化运动"新"在哪里?从文化名人的经典著作中"品"出什么结论?环节三"议议,讲讲","追踪探究"如何对待传统文化,结合你怎么孝顺父母?文言文该不该抛弃?为何韩国和我们争夺文化遗产?当代"读经争论"等为切入点,进入历史情境理解新文化运动,以新文化运动批判传统为参照系,联系当今谈对传统文化的态度。

案例反思

1. 学与教的环节多样,优化知识建构

"读读,议议,练练,讲讲"组成教学各环节,此过程中有获得信息、组织信息、分析信息三个层面,第一层面"获得信息"多数学生通过"读读,练练"环节可以自主完成,但局限于教材的一点"学究",学生得到的只是对本节教材的认知感,谈不上情感升华,没有充分体现历史教育的社会功能和时代要求;第二层面"组织信息"就是筛选教学内容,依据学生在"读读,练练"环节中呈现出的"相异构想",师生灵活机动地探讨问题,学生对历史事件的认识和感悟是丰富的、个性化的,教材只是课程实施的一种文本性资源,教材可以超越,可以选择,可以变更,图像、声音、网络为载体的现代化资源都可以运用,材料选择的标准是激发学生的学习兴趣,所选的材料除了考虑初中学生的思维特点,还应坚持既重要又有趣两条标准,"重要在于它呈现了精辟的见解",其"精辟的见解"可以在呈现教学内容的同时,为其作出解释、提供证据、说明理由。"有趣则是它具有引人入胜的故事性",即材料所涉及的内容有一定的情节,或能说明一定道理,从这个角度确定材料选取的标准,即材料本身就有趣,但光有趣达不到学习目的也不行,因此材料还要与教学目的有关;第三层面"分析信息"就是如何运用材料。材料的运用需要教师的才智与机敏,用材料牵引和预设展开教学过程中的"议议,讲讲"环节,从学生容易理解的角度给学生一定的思考情境,从中提升思想认识和历史感悟,七年级学生的认知倾向于具象思维,教师引导学生从图像、影像、歌曲、诗化的语言情境等生动、直观的史料里提取表层(直接)信息,还能挖掘部分隐含的深层(间接)信息,提升学生透过现象看本质的思维能力,并渗透史学意识,培养学科能力。

2. 接近学生经验的角度,发掘多渠道人文资源

历史学科作为人文学科的核心之一,充满着丰富、深远、博大的人文资源,在陶冶人格、开阔视野、传承文化、继承创新上发挥着重要的作用。教科书限于篇幅和结构,对历史人物和事件的叙述比较抽象,学生会觉得所学内容和自己没什么关系,甚至会觉得很无聊,因此,在"议议,讲讲"环节中选择形象逼真的典型材料尤其重要,课堂教学中材料是教学活动的中介,教师引导学生与之对话,与材料中的人和事对话,"讲出它的意义",才能使学生从中获得历史的知识和认识,尤其实物史料是凝固的历史,形象的历史,传神的历史,可以激发兴趣、活跃思维,帮助学生以小见大,由微见著,既能发挥学生自身能力和特长,又调动课堂气氛,加强教学的生动性。《甲午战争》用情节描述、亲历者的日记、影像视频等有情趣、吸引力的史料体验,帮助学生感悟个人命运与国家命运紧紧相联。《新文化运动》从文化名人的经典著作中"品"历史,让学生掌握精英人物的思想精髓,又活用身边的历史素材,拓展课程资源,这种跨学科学习让学生更可以体验到学习历史的意义,从而保持积极的状态。当然,要发挥材料的多重作用,还需要对材料进行设计,明确所用材料要达到怎样的目标,应当设计怎样的问题,学生会从材料举证中得出什么"认识"、"启示"。比如课堂里多发掘历史人物的精神和人格,突出他们的丰满人生和智慧谋略。如何评价历史人物呢?文天祥是汉族士大夫,

是儒家思想的实践者,具有孟子讲的贫贱不能移,富贵不能淫,威武不能屈的完美人格,可以引导学生从这个视角评价,再举证历史是一个特有的时期的记录,评价历史人物不能超越历史背景的范畴,必须是站在当时的历史背景下,如果站在一个对后世发展是否有利的角度去对待历史问题,就远离了历史本身。

3. 围绕主题教学,设计多样的话题

教师像导游带着学生看历史风光,好导游能使游客在有限的时间内看到最有特色的风景名胜。历史是由人的活动构成,杰出的历史人物代表了当时社会发展的前进方向和时代潮流,他们的行为体现了各民族的人文理想、民族精神、优秀文化积淀和历史良知,而鲜活的历史人物最具情趣,也最具吸引力——尤其在初中阶段最为明显,初中学生最容易被生动的历史人物故事感动,中国历史的重点就是各个时期的时代特征和杰出人物的作为。设计《辽阔帝国的统治》这一课就抓住两个历史人物忽必烈、文天祥的作为,来理解元朝盛极而衰的历程,多媒体影像生动地再现历史人物和历史事件,在认识和评价中渗透、培育"大丈夫"气节。设计《新文化运动》中"孝"和"抢注江陵端午祭为韩国文化遗产"等话题,感悟今天怎样孝顺父母?如何对待传统文化?即辨证地接受传统文化中的精华与糟粕。设计《甲午战争》抓住身处那个时代的不同阶层人们有着怎样的命运?用故事描述海战将领悲壮自杀,阅读亲历者日记里的屠杀,观摩影像用艺术的夸张凸显李鸿章无比的屈辱,使学生深刻感悟个人命运的悲剧在国家的危难中无法避免,当时不同阶层人的悲惨境遇可以激发学生联系自身生活讨论今天的忧患意识、危机意识。因此,学生认为:出生在战火纷飞的年代,命运十分不幸,反过来说出生在现在这种安逸的年代,幸福生活比比皆是。作为祖国的新一代,应居安思危,努力学习,长大后为国争光。学生自觉地把个人的命运与祖国的命运紧密结合起来,有了使命感、荣誉感和责任感。

总之,"后茶馆"教学的多个环节、多样材料、多种视角使我的教学方式发生改变,教学过程不再平铺直叙,让教的主导与学的主体有机地结合,课堂上已经真正有更多时间、空间创设历史教学的新情境,使历史教学的内容活起来,使历史的主题教学更加凸显,使学生更能置身于历史时空中去审视历史,感悟历史,理解历史,从而实现"史识"的推陈出新。

注:本案例获《现代教学》2014年度优秀教学论文三等奖。

案例教学

7. 课堂能给学生什么

案例背景

初中《社会》学科的案例大多可以营造出一个与学习内容密切相关、学生感兴趣的问题情境,引导学生建立问题与已有知识经验密切相关的"链接",来促进学生思维品质的提升。"后茶馆"教学理念以议为核心"充分暴露学生的相异构想"让我思考:我们可以提供给孩子什么样的《社会》课堂?孩子需要什么样的《社会》课堂?在完成"后茶馆"教学观摩课"为人处世是一门学问"之后,使我颇有感触,也促使我从孩子的角度去思考他们到底需要的是什么样的课堂?

案例描述

"为人处世是一门学问"是《社会》(上)专题二《体验人际关系》第三节"人际交往的原则与方法"的内容,本课以一组生活场景图片导入:每个人都不是一座孤岛,我们要处理各种各样的人际关系。人际交往中难免会有这样那样的不如意令你措手不及,你有足够强大的 EQ 来解决这些矛盾吗?依据明确的"学习目标":(1)认识人际交往中的矛盾和冲突是一种正常现象;(2)会分析人际交往产生矛盾和冲突的主要原因;(3)学会解决人际冲突的基本策略,提高人际冲突的承受和化解能力。以"是什么"、"为什么"、"怎么做"围绕案例"生活中不能承受之'好'"设计以下问题:(1)在人际关系上,李梦圆遇到了哪些难题?对李梦圆产生了怎样的影响?(2)为什么李梦圆在管理班级午自修后成为了矛盾的焦点?班主任、李梦圆、同学在这次事件中有哪些地方做得不够到位?(3)我们和李梦圆的家长分别为她提供了三种解决策略,对于这些策略,你有怎样的看法？请大家来扮演老娘舅角色。分析"好"学生李梦圆遭遇了"信任危机"的原因和解决的途径、方法时,许多学生把原因、方法混为一谈,并没有按照老师预设的思维路线"行走",而案例本身是两难的,有争议的,它激发了学生的研讨兴趣,在生生对话中体现出他们与众不同的想法、逻辑和思维视角。"对话"不仅让师生、生生的思想相互碰撞,引发出创造的灵感和冲动,而且学生内心的独特想法也得到鼓励与肯定,他们的个性思维也得以张扬和展示。法国教育家保罗·弗莱雷说过一句话："没有对话,就没有了交流,也就没有了真正的教育"。

争议中引出案例的最后一个问题：设计李梦圆如何与老师、同学、家长交流沟通？(对象任选)(沟通对象、沟通方式、沟通目标、交流原则、交流态度)。有的小组选择与同学沟通,有的小组选择与班主任沟通,大多数小组主张面对面交流,也有发邮件、短信或使用QQ、MSN等沟通的,目标与原则也灵活多样,不拘一格。合理安排小组合作学习,使学生学会交往,增强合作意识,从展示的设计成果发现了一个充满无限魅力的广博天地：神奇的想象空间、另类的思维视角、忘我的游戏精神、独特的精神哲学……无不向教师昭示着他们的独特性与自立性。此刻,学生的"经验谈"、"生活中你怎么拥有积极、健康、和谐的人际关系(同伴关系、师生关系、亲子关系)?"就在学生求知、创造、展示、体验、感知的平台上架起一座连接校园和社会的桥梁,在问题的层层深入中,实现学生经验的成长和基础学力的提升,真正将学习生活化。最后共勉戴尔·卡耐基的话："一个人的成功,只有百分之十五是由于他的专业技术,而百分之八十五则要靠人际关系和他的做人处世能力。"

案例反思

1. 开放的课堂给了孩子真正的感悟

教学方式的开放制造了更多机会让学生去体验,去探索,去感悟,去尽情地展示自己。这样的课堂学生可以怀疑,可以批判,也可以标新立异,教师在肯定之中的引导,浅层之下的深入,更充分调动起学生的思维、联想和想象,让学生在思维的海洋中遨游,在思维的天空中飞翔,与老师、同伴共思共想,并加上自己的生活体验和审美情趣,去领悟,去思考,产生自己独特的理解与感受,也许正是这种自主的精神,孕育出创新的火花,也使课堂对学生产生巨大吸引力。特级教师盛新凤说:"感悟既是一种心理活动,又是一种感情经历,还是一种审美的体验。"遵循此原则,教师在课堂上"教学不仅仅是一种告诉,更多的是学生的一种体验、探究和感悟"。比如本课学生在自我探究中可以自己举证事例来说明做人如何实现平衡、和谐,还有学生不赞成同伴的意见而发生争执,在宽松的思维空间里学生判断问题、分析问题、解决问题的能力得到提升,同时也变课堂的预定性和封闭性为生成性和开放性。

2. 情感的课堂给了孩子真正的激情

如何体现学科的"人文性"就在于"情感"。教师展现一个"充满激情的我",教学活动注重"熔情",尊重学生的"需要",照顾每位学生,尽量"蹲"下来看学生,多引导,多点拨,多鼓舞,多激励,在培养学生思维能力和解决问题能力的同时,也带给学生由衷的快乐,为他们提供一个温馨、和谐的人文环境,倾注更多的人文关怀,激发起学生的情感渴望,点燃起学生的心灵火花,让课堂成为学生人生成长的沃土。比如一位观摩本课的浙江教师在之后座谈中提及自己的统计数据:"三十五位学生中有二十一位发言,整节课三十分钟的学生发言,五分钟的合作学习。"其实本节课上班级里学业发展水平较低的学生基本都积极举手发言了,有的不止一次、两次,有的发言还个性飞扬,思维灵动,学生就像一个精灵的舞者,只要大人们肯给他一个学习和施展的舞台,让学生去展示自己,他们就能创造出很多的奇迹让我们惊叹,学生的学习能力和适应能力是远远超乎我们想象的。正如清代学者王阳明所说:"大抵童子之情,乐喜游而惮拘检,如草木之始萌芽,舒畅之则条达,摧挠之则衰痿。"

课堂教学可以成为师生共度的生命历程,共创的人生体验。

注:本案例刊登于《现代教学》2011年11月第263期,第37—38页。

教学案例

8. 从"案例"走向"生活"
——《社会》学科的生命教育

案例背景

《社会》(初中版)是上海"二期"课改的新学科,也是"两纲"生命教育的显性课程,依据《指导纲要》强调在学科教学中增强生命教育意识,挖掘显性和隐含的生命教育内容,以"生命·生存·生活"为学科教育宗旨,在学科教育策略中贯穿生命教育,让学生从案例情境走向生活场景,把握学生成长过程中"学会做人"的时机,给予他们紧贴实际、直抵心灵、弘扬人性的人文教育,让学生珍爱和尊重生命、懂得与学会生存、体验并善于生活。

案例描述

我执教《如何保护自己的权益》一课,让学生从更高层次地融入生活,走进市场,通过六幅漫画构建起生活场景,让学生火眼金睛识"陷阱",提问漫画里消费者的什么权利受到侵犯?学生依据《中华人民共和国消费者权益保护法》九项权利看图抢答。在火眼金睛识"陷阱"后,正是捕捉学生情感的最佳时机,思考案例"一双打折鞋"中的商家侵害了消费者的哪些权益?在"经验分享"、"智慧课堂"环节中,把案例情境与学生生活相融合,拉近与学生的距离,通过分析案例中消费者小明和妈妈做得不妥当的地方,再进一步探讨小明在购鞋过程中,给我们留下了哪些教训?归纳出四条消费时需要具备的维权意识,把学生的经验提升到理性认识。

生活于大都市上海的学生接触、融入社会的基本途径之一就是作为一名消费者，如何成为一个理性消费者、如何维护自己的消费权益，也是生存常识和基本生活技能教育。让学生从当今社会和生活中，捕捉与教学内容密切相关的现象、情境或问题，把它们引入课堂，引导他们把对现实问题的各种印象和感受、怀疑和问题带到课堂上来，展开无拘无束的对话，将学习生活化，把学习与学生已有的生活经验结合起来，使学生在模拟的生活场景中不仅学到有关的知识和技能，更增加了生活的经验。

我执教的《相互关联的各行各业》通过视频多米诺骨牌和对案例《责任在谁》由浅入深地分析促进学生透过现象看本质，多角度、多立场地看待社会现象，感悟城市运行中的各部门、行业能各尽其责就是有整体意识、全局观念。之后分组合作策划一个"明星闪亮三十分"的校园活动方案，制定一个完整的方案要有活动时间、地点、主题、目标、步骤等。因为时间关系，这节课就重点考虑活动将涉及学校哪些部门、个人？如何与相关部门、人员协调、沟通？并考虑特殊情况的预防、补救措施（应急预案）。从城市范围到学校内部，再到个人责任，从宏观到微观，从社会到个人，学生在统筹安排，协调各方利益中，感悟合作意识，提升应对意外事件的能力，在校园生活里不以自我为中心，在承担责任中成长。这种实践活动中的自主体验，使学生学习的主体性和个性得到尊重，又在具体的生活事件中感悟事理，并充分运用了学生自身的人文要素。

案例反思

（1）新教材《社会》（初中版）是基于学生的直接经验和已有知识进行"教"与"学"，课堂里学生与案例场景"亲密接触"，师生共同挖掘案例内涵，在回归到学生生活的教学活动中，启迪学生的心灵感受，提升学生的经验品位，使学生思维由感性上升到理性，把课堂教学引向深入。因此，"后茶馆式"教学"读读，议议，练练，讲讲"是学与教的方法，"趣味，品位，思维"是有效教学的方向，在这个方法、方向指引下的课堂是让学生拥有思想、享受学习的课堂，它的突出特征是体现着平等和相互尊重，洋溢着爱和智慧。我想也就是洋溢着对生命的热爱和尊重，体现了教育中的生命是有灵魂的、有情感的，是人格与人格的相遇、灵魂与灵魂的对话、人与人的交流和相互理解。

（2）作为人文学科教师在教学设计时不仅注重学生的既有知识，更应注重学生身心发展的特点,学生是涌动着活力的生命体,是生长着的生命,是教育的起点与归宿,渗透生命教育就是尽量减少不必要的划一,在教学中坚持以人为本,尊重学生,平等地对待学生,给学生多一些人文关怀,多一些对生命的感悟,给学生自主选择的空间,创造一个开放、多元的环境,激发学生的创造热情,使他们主动地把自己的生命价值与意义彰显出来,就是提供学生进行展示与交流的时间和舞台,让学生充分展现自己的观点、方法、成果,充分地与同学、老师进行交流,在交流的过程中进行思维碰撞,迸发创新火花,发展创新思维,增强合作意识,提高合作能力,实现自身价值,获得自我激励。学生展示自我、感悟自身价值、体验成功的快乐不正是学生生命价值的一种体现吗?说到底是我们教师对学生生命个性的尊重。

(3) 学生对源于自己熟悉的生活内容和情景会特别感兴趣,并有很强的参与探究的欲望。因此《社会》课堂教学中,教师在引导学生探究时,要让学生真正感悟和体会到探究的价值与意义,产生主动探究、乐于探究的情感,除进行有效的方法引导和必要的点拨外,还是要努力挖掘让学生探究的对象和内容中蕴含的经验、教训,并引导学生认真总结经验、教训,从而解决学生学习和生活中的实际问题。

(4) 早在18世纪法国的思想家卢梭就提出"植根于人性中的自然教育理念",他认为,教育就是要服从自然的永恒法则,促进人的身心的自由发展,其手段就是生活和实践。卢梭说,应当教会孩子在"成人后怎样保护自己,教他经得住命运的打击,……教他在必要的时候,在冰岛的冰天雪地里或者马耳他岛灼热的岩石上也能够生活。……问题不在于防他死去,而在于教他如何生活"。

新教材《社会》(初中版)对"两纲"有如下阐释:引导学生形成良好的生活态度,正确处理个人与他人、个人与社会的关系,进而对个体生命在社会中的价值和意义有所感悟。《社会》教材的实践性强,可以让学生深入生活,汲取生活和实践的营养,真正实现教育的终极目标:培养人格健全、智慧闪耀的大写的人。

总之,生命、生存和生活,是作为自然属性与社会属性结合体的一个人应当培养的基本人性,生命是前提,生存是基础,生活是目的,学生成为"有用之材"前,必须了解生命、珍爱生命,在作为"有用之材"时,也应当学会生存和生活。

注:本案例于2010年9月获"上海市社会学科论文评比"三等奖。

第三章

"云课堂"的教学

因为新冠肺炎疫情开启的"云课堂",引领教学走向数字化,面对人工智能、大数据、区块链等高科技发展的新技术,需要顺应时代思考如何改变育人方式,如何将新技术与教学高度融合。静教院附校数字化校园建设比较早,使用 Aiclass 云智慧平台、朵维教育平台,还有新校舍课堂使用的希沃 see wo 机,结合疫情期间的云视讯同步课堂(移动公司开发,免费给附校使用)教学经验,不少学生擅长平台文字输入,在八年级的历史课综合复习阶段使用云智慧平台等,打破时间空间限制真正实现课堂的个性化教学,个别化辅导。

依据上海考试院命题方向:**历史知识**知道重要历史事件的经过以及结果、重要历史人物的事略、重要历史现象的基本状况,人类文明的主要成果;了解历史时序,初步掌握历史发展的基本线索。**历史思维**知道划分历史时间与空间的多种方式,运用时间和空间术语描述史事,在具体的时空条件下对历史事物进行考察;区分史料的不同类型,认识史料的不同价值,提取史料的历史信息;运用史料作为证据来论证观点或对具体史事作出解释与评价。**历史价值观**认同祖国和中华民族,理解和尊重各国优秀文化传统;汲取历史的经验和智慧,培养真善美的价值观念。复习课第一部分是历史主干知识结构化是基础也是必要的,平台发布单元思维导图和课时思维导图,学生依据自己情况完成历史学习支架。第二部分平台发布综合题库,学生要把握以史学思想方法落实学科核心素养,依据自己的学情选择训练题,完成"时空观念"、"史料实证"、"历史解释"三大部分编撰的题目,学生如何依据所学、结合材料(文献、图片、地图等)读懂表层信息和深层信息?如何区分史料的不同类型,认识史料的不同价值,提取史料的历史信息?如何以历史材料为依据解释历史,初步学会诠释评价历史?学生之间的差异是学习的资源,利用云智慧平台交流、分享,逐步提高对历史的理解能力,初步形成重证据的历史意识和处理历史信息的能力。

很多复习期间的优秀作业都上传于平台,成为学生共享的学习资源。举例八年级

静安区模拟卷:

(三)没有共产党就没有新中国(10分)

中国近现代历史是无数仁人志士不断探索救国的历史,见证了中华民族的自强不息与伟大崛起。

A. 中国共产党第一次全国代表大会上海会址

B. 开国大典

C. 谭嗣同殉难图

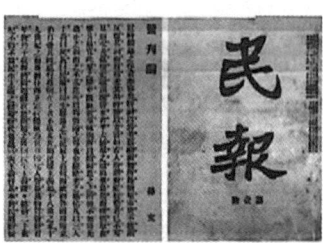

D. 《民报》创刊号

F. 北洋舰队"定远号"铁甲舰

E. 《天朝田亩制度》书影

1. 将以上图片反映的事件按发生的时间先后排序。(填写字母,3分)

2. 以下材料反映了中国近现代各阶级、阶层在哪些方面的救国探索?(任写两点,2分)

3. 历史证明"没有共产党就没有新中国。"请联系以上材料,结合所学,谈一谈你对这个观点的认识。(5分)

满分卷八(3)班的陈嘉乐的历史解释,做修改后发布于平台成为学习资源。

  地主阶级的洋务运动提出了"自强"、"求富"的口号,在技术层面进行变革,目的是维护清朝统治,没有成功;农民阶级的义和团运动和太平天国运动限于农民阶级的时代局限,不能领导中国革命走向胜利;资产阶级改良派的戊戌变法,提出君主立宪,发展资本主义,变法图强,由于资产阶级的软弱性,和顽固派阻挠没有成功,资产阶级领导的辛亥革命,提出"三民主义"推翻清政府,建立资产阶级共和国没有成功(修订:胜利成果被袁世凯窃取,还是没有改变中国半殖民地半封建的社会性质);只有共产党领导的新民主主义革命,反对帝国主义和封建主义取得革命成功,建立新中国。

信息技术深度融入课程和教学是时代的大趋势、大机遇和大挑战,它推动着教师的课堂教育理念与路径发生转型。

教学论文

9. 云端漫步的实践与反思

摘要 利用信息技术关注学生差异,改进教学策略,强调师生互动,改变教学方式,实现评价多元;分三个阶段使用 Aiclass 云智慧平台,设计填空类学习单、讨论类学习单、思维导图类学习单;依据评价,落实立德树人,渗透素养,提升学科关键能力。

关键词 "课堂教学与评价同行"的策略

新技术不仅影响和改变教育观念和教学方法,而且借助技术进行学习更是成为一种新型的学习方式,以信息技术为手段,以网络平台为依托,能够科学有效地对学习者的学习效果进行价值判断,正确地分析学习者各种情况,及时调整教学策略和方法,提高教学质量,而学生的学习也更加自主,有更多实践和体验,更多活动和交流。

依据静教院附校的后"茶馆式"教学"课堂教学与评价同行"的策略,借助天闻数媒科技公司开发的 Aiclass 云智慧平台、上海中小学数字教材(人教版),教师改进课堂教学,提高课堂效益,也促进学生智能发展,充分挖掘学生学习潜力。

一、依托学情,彰显改进

1. 利用信息技术关注学生差异,改进教学策略,实现评价多元

基于 Aiclass 云智慧平台构建学习行为评价标准,经过反复修改的《历史学科课堂学习行为评价细则》(附录在后)分为独立先学、合作学习两部分,学生独立先学行为描述:听、读、说、写、做。听——聆听教师布置任务、读——仔细阅读学习材料、说——

认真讨论任务、写——记录笔记并有自己的思考、做——能完整、有条理地解决问题。每一行为表现分四个等第 ABCD 评价标准，合作学习包括倾听、质疑、表达、互助，每一行为表现也分四个等第 ABCD 评价标准。

学生自己独立学习阶段，完成教师预设的问题或设计的任务单，通过听、说、读、写、做学习行为评价细则五个纬度（能准确归纳、概括预设的导读问题；认真仔细阅读学习材料，领会史料的含义并能运用史学思想方法进行诠释；认真完成学习内容、史料的识记与鉴别；能够依据各类型史料，完成资料整理，个性化完成知识框架笔记；能依据史料有理有据地做出正确分析与综合评价，结合个人感悟、体验，条理清晰地撰写相关小论文、随笔等。）对自己进行多角度评价，对知识而言，学生的独立思考、互相讨论、思维澄清的过程就是自己发现的过程。

之后的合作学习阶段，有学生对同伴的评价，以及学生对自己的评价，通过倾听、质疑、表达、互助的评价细则进行多元评价，比如认真耐心地倾听他人的发言；能够依据各种类型史料，准确完成学习任务单，还可以提出有思维含量的问题等；能够依据各种类型史料，积极主动地评价；能代表小组发表观点，还能够对他人观点进行完善或辩驳；能帮助组内同学，还可以完善、补充，共同完成学习任务。

过去教学环节是按教材内容设计，整节课以解读文本为重，关注的是如何增强教材的生动性，在预设问题的牵引下，学生没有太多时间与空间动手动脑，教师"掌控"一切，整堂课成为一张张幻灯片的播放与讲解，用事先设计的课件演示流程取代学生思维的发展轨迹，单一的学习方式使学生眼里的历史仍然是"养在深闺"，不食"人间烟火"。后"茶馆式"教学设计，增加对文本解读的"广度"、"深度"，关注问题的设计，特别关注核心问题的设计，以问题链、问题群呈现学生的"闪光点"和"相异构想"，即直面学生真实的认知过程，使历史课堂充满活力。

2. 利用信息技术强调师生互动，改变教学方式，实现评价多元

在信息技术环境下，充分利用已有的教育资源、借助信息技术综合评价每一位学生，课前教师选择制定相应的评价维度，明确告知学生本节课的课堂学习行为评价标准，课后教师和学生通过 Aiclass 云智慧平台完成评价，评价的多元化决定了参与评价的主体不仅是学生还有教师，学生不仅要自评还要组内互评，教师不仅评价学生还要关注个别学生并进行有效指导。

学生运用云智慧平台的评价功能进行课堂学习行为的评价,是信息技术直接应用于课堂的数字化评价手段。这种基于学生学习行为表现的过程性评价,改变了过去重结果轻过程的评价弊端,帮助学生在自我认知、感悟的过程中学会审视自己的学习思维方法,能极大地调动学生学习的主动性、积极性和创造性,使学生学习目的明确,能针对不同的学习内容和难度有效调整学习状态,从而取得显著的学习效果。

附校后"茶馆式"教学不仅把教学评价引入课堂教学,而且已经把教学评价与课堂教学融为一体,比如学生对教师预设问题的评价,让教师及时地调整教学,也让教师了解究竟哪些是学生还没有学会的,总结一个阶段的师评、自评、互评得出的综合雷达图,这个过程性评价能反映学生的进步状态,成为激励学生学习行为的诊断性评价。

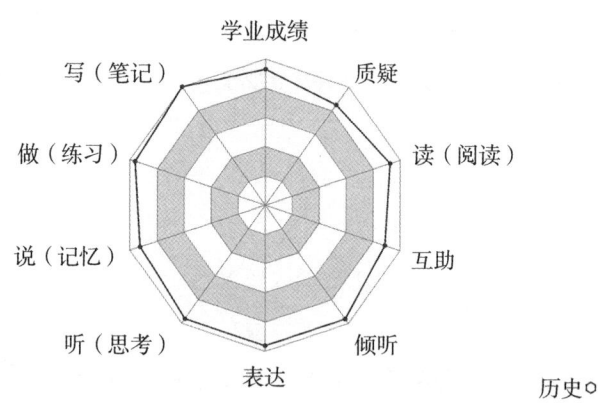

这是 A 同学的雷达图,该生课堂行为表现优秀,历史本身是重思维逻辑的,能够用图像史料、文字史料去感受历史事件或历史人物的气息,在不断解读历史的实践中了解和掌握方法,从史料中汲取历史信息,有方法论做指南,又自己动手做研究,可以真正领会史学方法,进而了解相对客观的历史,并通过深入解读逐步形成历史"见识",学习行为表现基本都可以达到 A 档,平时成绩 98 分,期末考试试卷成绩 96 分。

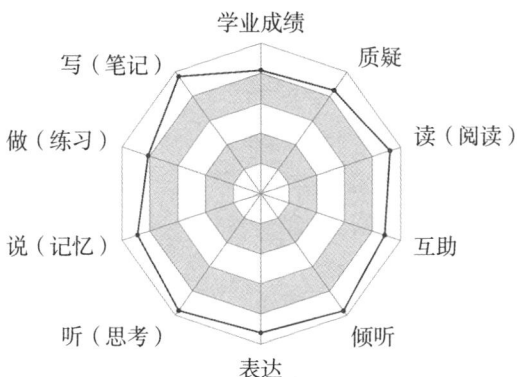

历史。

这是 B 同学的雷达图,该生课堂行为表现良好,基本可以达到 A\B 档,平时成绩 90 分,期末考试试卷成绩 78 分。

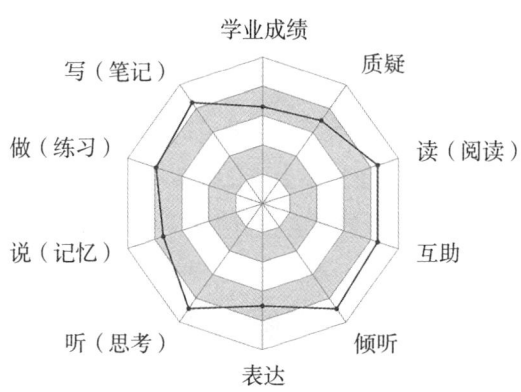

历史。

这是 C 同学的雷达图,该生课堂行为表现一般,尤其发言的思维含量、积极性方面有待提高,基本可以达到 B\C 档,平时成绩 87 分,期末考试试卷成绩 72 分。史学方法的最大特点是它的典范性、经验性、实践性,方法不是可以拿来就用的工具,它只有被理解和掌握以后才能发挥作用,治史是复杂而微妙的智力操作,初中阶段集证辨据的学史方法通俗易懂,有利于学生进行探究式学习,引导学生以解读史料的方法多视角得出结论,在模仿到迁移的详细论证过程中真正领会"我们如何知道历史?我们如何认识历史?"。

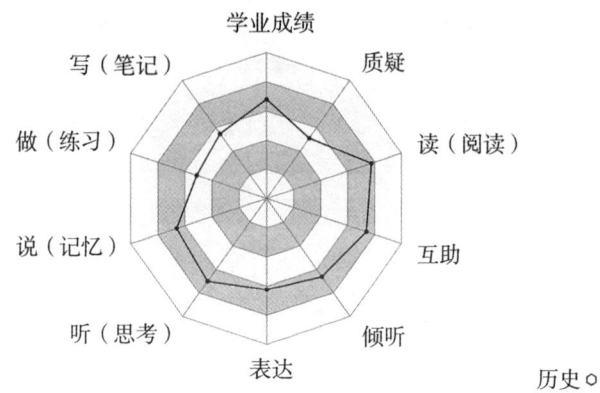

历史。

这是 D 同学的雷达图,该生课堂行为表现欠佳,尤其在完成书面作业方面有待提高,基本可以达到C\D档,平时成绩70分,期末考试试卷成绩65分。目前初中历史课堂多采用阅读、分析史料的教学方法,教师创设史料情境引导学生判断、分析、解决问题,多媒体技术普及使课堂上呈现的史料类型多样化。

因此,如何将课堂学习任务单用于多样化教学环节,尤其中考制度改革出台,探究历史学科课堂作业的布置很有价值。要让历史作业不仅可以承担检验课堂教学的功能,还能为丰富课堂教学内容服务,兼具培养学生自主学习的能力。教学结合信息技术使用 Aiclass 云智慧平台授课,用云智慧平台助力课堂教学目标落地。

二、依托技术,彰显行动

1. 第一阶段　使用 Aiclass 云智慧平台设计填空类学习单

举例统编教材《中国历史》(五四学制)第一册的第三单元《秦汉时期:统一多民族国家的建立和巩固》第9课"秦统一中国"。秦朝完成了春秋战国以来的社会转型,创建了中国历史上第一个封建的大一统时代,秦朝延续法家思想,在制度层面奠定了大一统中央集权的基本特征,成为中国历代王朝政治制度的蓝本,大部分为后世沿用。学生阅读数字教材内容,使用 Aiclass 云智慧平台自主学习,在平台以填空方式完成学习单,由平台即时反馈对错,教师及时把握学生独立先学的情况,错误率较高的题目重点讲评。在合作学习环节中学生阅读不同类型史料,学会理解、提取、分析、归纳、概括史料中的有效信息,懂得多角度、多层次解释历史事件,并理解历史事件发生的时代特性以及历史事件之间的内在联系,从而探寻中国古代历史尤其是封建社会历史发展的规律。然后通过讨论,在合作学习中进一步认识史料作为历史研究的证据价值,了解纸上与地下(后世文献与考古实物)的历史材料互证,是获取秦帝国信史的关键,培养学生以史为据:任何结论都是要有事实证据的意识,体会历史是讲证据、重逻辑、见理性的。

2. 第二阶段 使用 Aiclass 云智慧平台设计讨论类学习单

举例统编教材《世界历史》(五四学制)第二册的第一单元《殖民地人民的反抗与资本主义制度的扩展》第 3 课"美国内战"。美国南北战争是资产阶级统治在世界范围内得到进一步巩固与扩大的典型事件,是美国历史上的第二次资产阶级革命。了解美国资本主义发展历程,明确反对分裂,维护国家统一的重要性。作为一个有正义感的普通公民,林肯对奴隶制度无疑是反对的,而作为一名政治家,林肯的首要职责却是千方百计地维护联邦的统一。两者曾经有过的冲突、取舍和抉择,恰恰折射出一位身处内战漩涡的国家总统的智慧和原则。使用 Aiclass 云智慧平台反馈学生完成的《导学任务单》,依据五个"W"勾勒出的历史事件,发现出错较多的在背景和导火索部分,纠正之后进入合作学习环节,以四个核心问题链:奴隶制度的存废为何成为南北方矛盾的焦点?为什么林肯就任总统引发了南北战争?林肯为什么在战争中颁布《解放黑人奴隶宣言》?林肯为什么受到美国人民的普遍尊敬?启发学生思考南北战争的领导者、亲历者林肯来自社会底层,靠个人坚强意志和不懈努力跻身美国政坛,他如何能够在错综复杂的政治角逐和军事斗争中胜出,带领北方民众赢得内战的胜利?林肯代表了美国的国家利益,反映了美国的自由、民主精神。从 Aiclass 云智慧平台最后问题的讨论发言可以看出学生的情感认识得到升华,本课的内容主旨得到提升。

3. 第三阶段 使用 Aiclass 云智慧平台设计思维导图类学习单

举例统编教材《中国历史》(五四学制)第二册的第三单元《明清时期:统一多民族

国家的巩固与发展》第 20 课"清朝君主专制的强化"。清朝前期的"三祖三宗"对中国历史的最大贡献是维护了中国的边疆版图，巩固了多民族国家的统一，而乾隆则是集大成者。乾隆的三幅绘画，艺术品里的《乾隆的三张面孔》，分别反映了乾隆帝怎样的形象？乾隆帝博学多才，精于骑射，在文治武功方面颇有建树，但是外国漫画家笔下的乾隆高傲、自大，今天继续描绘这位封建君主在你心目中的"面孔"。从乾隆的三张面孔"以人叙事，用人带事"，以乾隆帝不同的形象联系清朝前期的时代特征导入本课，以"从清朝建国后到乾隆帝统治时期，中央权力机构发生过哪些变化？"设问，分析乾隆时期进一步强化君主专制的原因、动机和后果。教师通过示范，从时代特征引导学生认识政策实施的主观动机，以及造成的后果。学生再尝试自主分析乾隆时期大兴文字狱的原因和主观动机，并认识可能造成的后果。以"清朝前期的时代特征不仅表现在政治、文化政策上，还突出表现在外交政策的选择上。"为过渡，出示两幅表现马戛尔尼觐见乾隆的画像，学生尝试通过比较、分析，从画像了解时代特征，结合史料和信息技术，学生使用 Aiclass 云智慧平台自主构建思维导图，用"动机与后果"的概念解释清朝前期政治、文化和外交政策，给予"时代发展需求是背景/主观应对策略是动机/策略实施的客观结果背离时代发展需求是后果"这个解释模型。当堂课内反馈使用"动机与后果"模型解释"闭关锁国政策"的训练成果。在结语中点明教学立意：开放宽容使文明繁荣，保守狭隘使文明衰落。一个国家或者民族，只有对外开放，不断学习吸收其他民

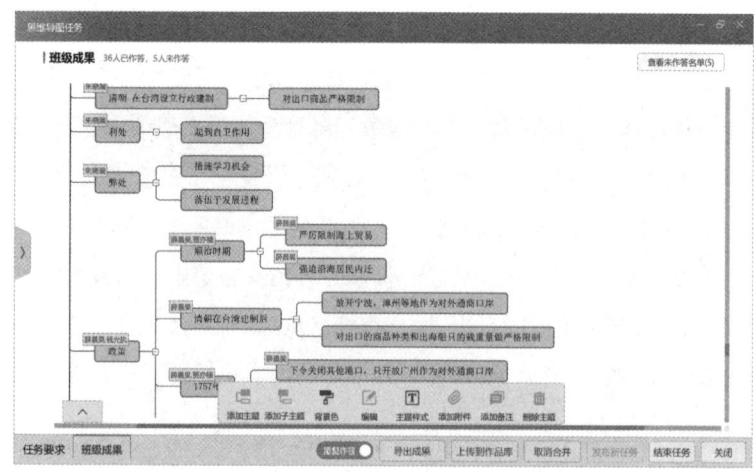

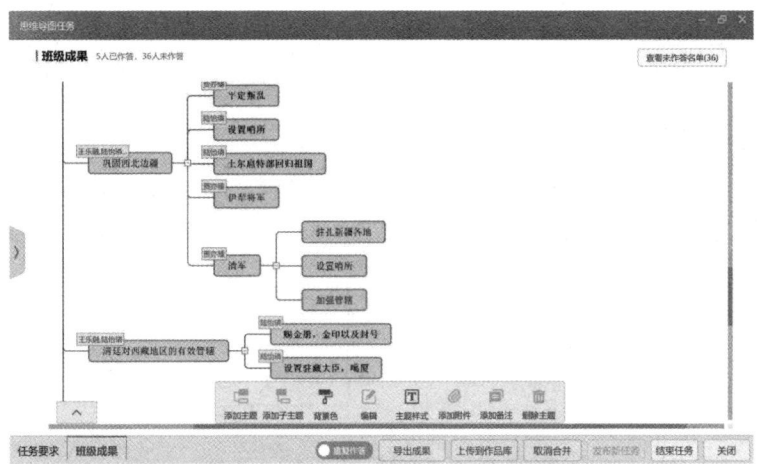

族的先进文化,国家才有富强的希望。

三、依托课题,彰显反思

1. 依据评价,落实立德树人

使用初中历史统编新教材(教育部审定的 2018 版)和上海新中考改革方案出台之时,历史学科被教育部纳入实施"立德树人"工程的五个重要学科之一,因此历史学科责无旁贷地承担起立德树人的重任。作为初中历史教师要积极思考如何实现历史课堂"立德树人,教书育人"的目标。借助 Aiclass 云智慧平台、数字教材平台,以《历史学科课堂学习行为评价表》遵循学生的认知规律和心理特征,引领历史知识的学习,进行人文素质的培养和人文精神的熏陶。独立学习与合作学习评价指标如何更科学、合理地促进学生完成这样的人文素质培养和人文精神熏陶是教学的努力方向,如李剑鸣在《历史学家的修养和技艺》中说:"将零散而混乱的过去信息整理成有条理的历史知识是历史解释的基本任务;探讨因果是历史解释的重要形式。"

2. 渗透素养,提升学科关键能力

从学科专家的报告讲座以及上海历史学科两大类史学思想方法的总结中,可以把初中历史学科关键能力归纳为:时序思维能力、史料的集证辨据能力和历史的诠释评价能力。由此,把史学思想方法、学科关键能力和核心素养的对应关系进行梳理:史

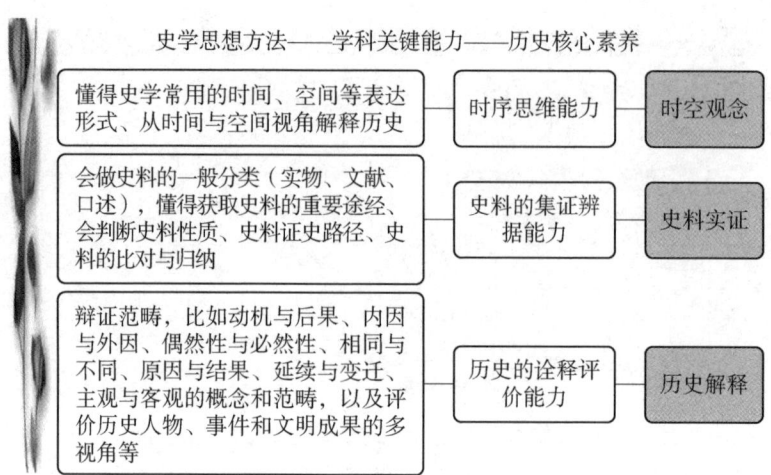

学思想方法指导教师提升学生的关键能力,真正内化核心素养。用图示直观表达为:

在教学实践中更多聚焦学科关键能力培养,让教的主导与学的主体有机结合,关注学生的学(学生学的基础、学的能力、学的可能),关注学生学的过程(学的变化),摸索出初中历史教学中有序培养学科诠释评价能力的路径。

附录:历史学科课堂学习行为评价表

学习形式	行为表现	评 价 细 则
独立学习	听	A. 能准确归纳、概括所听到的预设导读问题。 B. 能理解所听到的预设导读问题。 C. 能基本领会、理解所听到的预设导读问题。 D. 不能理解或错误理解所听到的预设导读问题。
	说	A. 认真仔细阅读材料,领会史料的含义并能运用史学思想方法进行诠释。 B. 认真阅读材料,领会史料的含义并尝试运用史学思想方法进行诠释。 C. 基本完成教材阅读要求,尝试领会史料的含义并进行初步诠释。 D. 仅完成教材阅读要求。
	读	A. 认真完成学习内容、史料的识记与鉴别。 B. 较好地完成学习内容、史料的识记与鉴别。 C. 基本完成学习内容、史料的识记与鉴别。 D. 无法完成学习内容、史料的识记与鉴别。

续　表

学习形式	行为表现	评价细则
	写	A. 能够依据各种类型史料，完成资料整理，个性化完成知识框架笔记。 B. 能够分析各类史料，完成关键词的圈划和知识框架笔记。 C. 基本完成关键词的圈划和知识框架笔记。 D. 没有关键词圈划、笔记整理。
	做	A. 能依据史料有理有据地做出正确分析与综合评价，结合个人感悟、体验，条理清晰地撰写相关小论文、随笔等。 B. 能较好地依据史料做出分析与综合评价，结合个人感悟、体验，条理清晰地撰写相关小论文、随笔等。 C. 能尝试依据史料做分析与评价，撰写相关小论文、随笔等。 D. 分析和评价毫无依据，无法完成相关小论文、随笔等的撰写。
合作学习	倾听	A. 认真耐心地倾听他人的发言。 B. 较认真耐心地倾听他人的发言。 C. 基本能耐心地倾听他人的发言。 D. 无法耐心倾听他人发言，经常打断他人。
	质疑	A. 能依据各类史料，完成学习任务单，还可以提出有思维含量的问题等。 B. 能够依据各类史料，准确完整地完成学习任务单。 C. 能够从各类史料甄别相关史料，基本完成学习任务单。 D. 从教材史料中了解基本内容，但不能完成学习任务单。
	表达	A. 能代表小组发表观点，能依据史料证据，积极主动地多视角评价，还能够对他人观点进行完善或辩驳。 B. 能代表小组发表观点，有条理地分析或综合小组观点，有多视角评价。 C. 能代表小组发表观点，有评价、论证。 D. 能认真倾听他人的发言，仅从教材史料来表达评价观点。
	互助	A. 能帮助组内同学，还可以完善、补充，共同完成学习任务。 B. 能帮助组内同学，共同完成学习任务。 C. 不能够自己完成需要寻求帮助完成学习任务。 D. 不能够自己完成学习任务，也不寻求帮助。

注：2020年12月本文获得上海市中小学信息化教学应用交流展示活动基础教育组信息技术创新教学案例二等奖。

教学案例

9. 基于 Aiclass 的教学设计

七年级统编教材《中国历史》第一册
第9课　秦统一中国

内容主旨

秦朝完成了春秋战国以来的社会转型,创建了中国历史上第一个封建的大一统时代,秦朝延续法家思想,在制度层面奠定了大一统中央集权的基本特征,成为中国历代王朝政治制度的蓝本,大部分为后世沿用。

本课重点:秦始皇为巩固千秋霸业,成为众多封建制度的开创者,包括皇帝制度、中央官制、地方官制、经济制度等,这些措施不仅在当时有效地巩固了秦的统治,为维护国家统一提供了条件,对后世也产生了深远影响。

学情分析

学生阅读不同史料,使用 Aiclass 云智慧平台完成自主学习,学会理解、提取、分析、归纳、概括史料中的有效信息,懂得多角度、多层次地解释历史事件,并理解历史事件发生的时代特性以及历史事件之间的内在联系,从而探寻中国历史发展的规律。

学生认识史料作为历史研究的证据价值,了解地下与纸上的历史材料互证,是获取秦帝国信史的关键。知道"论从史出",任何结论都是要有事实证据的,培养学生唯物史观。再以史为据,根据秦始皇的历史事迹,一分为二地评价其功过是非,这对七年级学生而言有一定难度,故为本课难点。

教学目标

1. 完成自主学习单，整理教材知识点，知道秦朝的建立、秦的中央集权体制和巩固政权的措施。初步学习全面、客观地评价历史事物或人物的方式方法。

2. 用多样的视角，从"结束"(以前)与"开创"(以后)，抓住"变"的原因、内容及影响，通过"论从史出"、"史论结合"的方法，分析从中央到地方的"大一统"制度的形成和影响。

3. 理解从列国纷争到秦统一，以及秦为巩固中央集权的措施对我国多民族国家的形成与发展做出伟大的贡献，对中国历史产生的积极意义。

教学过程

环节一：（导入）电视剧主题曲播放。改编自李白的《古风》歌曲唱出了历史上这位著名帝王实现千古功勋之后睥睨天下的万丈豪情。你了解秦始皇吗？

设计意图：用歌曲引出本课的主要人物——秦始皇，知道秦始皇的生平故事，吸引学生有意注意。自然导入新课，秦统一中国。

环节二：秦嬴政前后花了十年时间，实现大一统，秦朝是如何灭掉六国的，完成统一的理由、影响是什么？怎么巩固统一的？一起领略秦始皇的雄才伟略。

设计意图：以动态地图，呈现秦"远交近攻，统一六国"的过程。秦王嬴政和秦始皇是一人，诸侯国秦国的国君，统一后是秦朝的天子，自认为功高盖世，自创皇帝称号，认为自己的基业将传万世，他是始皇帝，故而人称秦始皇。

环节三：自主完成学习单，了解秦始皇巩固统一多民族国家的措施。秦帝国采取了怎样的统一策略？思考：统一后的秦朝建立起什么样的政治制度，思考秦始皇为巩固统治而在政治、经济、文化、军事等方面采取的措施及其对当时和对后世的重大影响。

设计意图：学生独立自主地学习教材内容。从后世文献司马迁《史记》的相关记载理解皇帝制度的特点：皇权至上、皇帝独尊、皇位世袭。从政治、经济、文化、军事角度归纳秦始皇如何巩固帝国。培养学生从史料中提取历史信息的能力，知道秦始皇采取统一货币、度量衡、文字、修道路、车同轨、修筑长城等措施巩固统一的多民族国家。

环节四：从战国到秦朝历时500多年的转型最终完成。秦朝疆域前所未有的广阔。秦帝国通过一系列制度建设，最终初步建成大一统的中央集权体制，合作探究：分析秦统一中国的创规建制对当时和后世的不同影响。

设计意图：归纳政治上的措施，其积极影响、负面影响。知道这些措施有利于巩固统一的多民族国家，对巩固封建国家的统一起到了重要作用，其进步作用对后世也有深远影响。

环节五：这些文物考古对了解秦朝历史有什么价值？"铜量"、"八斤铜权"、"里耶秦简"、"秦诏版"，都是实物史料，是秦统一全国后推行货币、度量衡、文字制度的物证，可以更接近"真实"，考古的重大发现，具有极高的历史价值。

设计意图：了解史籍记载、文学作品考证和考古发掘，地下文物与纸上的历史材料互证，是获取秦帝国信史的关键。

环节六：中国历史上一位叱咤风云富有传奇色彩的划时代人物，当时和后世史家对其的不同观点很多，怎么评价秦始皇？被明代思想家李贽誉为"千古一帝"。

设计意图：从时代特征、社会地位、文化背景、思想认识的视角，解释评价历史人物。试从制度创新的角度解释评价他的贡献，不能以偏概全。

小结

秦始皇统一中国前，国家处于分裂割据状态，战争频繁，严重阻碍了各地区经济文化的发展，同时给人民的生产、生活带来灾难。秦的统一，符合历史发展的趋势，也是各族人民的共同心声。秦朝是第一次也是真正意义上在中国历史上完成了统一，开创了一个新局面。秦始皇在政治、经济、文化、思想等领域，采取了一系列巩固统一的措施。

板书设计

第9课 秦统一中国

秦完成统一 { 公元前221年 秦灭六国统一中国
建立中国历史上第一个统一的多民族的封建国家

```
         ┌ 政治：中央集权制度
         │ 经济：统一货币、度量衡、车辆道路宽窄
秦巩固统 ─┤
         │ 文化：统一文字
         └ 军事：开凿灵渠、修筑长城
```

七年级统编教材《中国历史》第二册
第20课　清朝君主专制的强化

内容主旨

清朝前期虽然统一的多民族国家得以巩固，经济有了进一步的发展，但君主专制空前强化，思想钳制空前严厉，对外交往空前封闭，没有顺应社会变革的趋势，从而导致中国社会矛盾不断加剧，逐渐落伍于世界历史的发展进程。

教学目标

知道清朝前期设立军机处、实施文字狱、实行"闭关锁国"的政策，了解社会矛盾不断加剧的表现；以思维导图构建清朝前期强化君主专制的具体措施和导致的结果，分析主观动机与客观效果之间的关联，尝试用"动机与后果"的概念解释清朝前期君主专制的强化；体会清朝前期君主专制的强化对社会发展的作用，反对思想禁锢和闭关自守。

重点难点

重点：分析清朝前期强化君主专制的主观动机与客观效果之间的关联。
难点：用"动机与后果"的概念解释清朝前期政治、文化和外交政策。

教学过程

环节一： 出示三张乾隆的画像，学生尝试通过模仿自主归纳艺术作品的证史路径，导入新课。

设计意图： "以人叙事，用人带事"，以乾隆帝不同的形象联系清朝前期的时代特征导入本课。

环节二： 以"从清朝建国后到乾隆帝统治时期，中央权力机构发生过哪些变化？"设问，学生阅读教材，尝试自主梳理清朝前期中央权力机构的演变历程；结合 Aiclass 平台上的相关材料，联系清朝前期的时代特征，分析乾隆时期进一步强化君主专制的原因、动机和后果。

设计意图： 强化培养学生对教材中关键信息的提取、整理和归纳的能力，教师通过示范，从时代特征引导学生认识政策实施的主观动机，以及造成的后果。

环节三： 以"可见对于政府官员，清朝统治者只要求他们俯首听命，并不需要他们有政治责任感和创造精神。那么对于那些心怀天下的知识分子呢？"为过渡，学生阅读教材了解清朝前期的文化政策，并结合 Aiclass 平台上的相关材料，学生尝试自主分析乾隆时期大兴文字狱的原因和主观动机，并认识可能造成的后果。

设计意图： 学生尝试通过模仿，认识清朝前期的文化政策。

环节四： 以"清朝前期的时代特征不仅表现在政治、文化政策上，还突出表现在外交政策的选择上。"为过渡，出示两幅表现马戛尔尼觐见乾隆的画像，学生尝试通过比较、分析，从画像了解时代特征。结合教材和 Aiclass 云平台上的相关材料，尝试在 Aiclass 云平台构建这一目的思维导图，并进行说明。

设计意图： 学生自主构建思维导图，实时反馈对分析模型掌握的程度。

环节五： 以"清朝前期在政治、文化和外交上的政策是当时的统治者应对时代变革而采取的策略，这样应对策略下的清朝社会是怎样的呢？你们认为以上这些方面之间应该呈现怎样的逻辑关系？"设问，学生阅读教材，了解社会矛盾加剧的具体表现，师生共同完成结构板书。

设计意图： 以思维导图式的结构板书厘清本课各目之间的逻辑关系。

环节六： 以"通过思维导图的梳理，我们发现了清朝前期统治者应对时代变革的策略并不怎么成功，那么我们可以怎样来看待这个现象呢？"为过渡，学生尝试通过讨论，运用"动机与后果"的概念解释清朝前期政治、文化和外交政策。

设计意图： 初步认识"动机"和"后果"的概念，从两者的辩证关系理解清朝前期君主专制的强化的特点。

环节七： 进一步梳理时代特征、统治策略、造成后果之间的关联，反对思想禁锢和闭关自守，小结全课。

设计意图： 强化运用动机与后果的概念分析历史事件的方法，深化对清朝前期君主专制强化的看法。

教学策略

在环节六中，学生需要自主结合所学通过 Aiclass 云平台构建知识框架，如果学生遇到困难，教师应进行及时指导，或做部分示范。

板书设计

文字狱
设立军机处 } 强化君主专制 —动机→ 巩固统治 { 后果
闭关锁国   社会矛盾不断加剧
                                            中国逐渐落后西方

作业设计

尝试以"动机与后果"解释你熟悉的一个历史事件（比如中国古代史部分北宋的"重文轻武"国策）。

时代发展需求是背景　主观应对策略是动机　策略实施的客观结果背离时代发展需求是后果

资料附录

1. 军机处名不师古，……军国大计，罔不总览，自雍、乾后，百八十年，威命所寄，不于内阁,而于军机处,盖隐然执政之府矣。

——(清)赵尔巽主编《清史稿·军机大臣年表序》

2. 机务及用兵皆军机大臣承旨,天子无日不与(军机)大臣相见,……即承旨诸大臣(军机大臣)亦只供传述缮撰,而不能稍有赞画于其间也。

——(清)赵翼《檐曝杂记·卷一》

3. 今人之文,一涉笔惟恐触碍于天下国家……人情望风觇(看)景,畏避太甚。……消刚正之气,长柔媚之风。此于世道人心,实有关系。

——(清)李祖陶《迈堂文略》

4. 避席畏闻文字狱,著书都为稻粱谋。

——(清)龚自珍《咏史》

5.

1793:英方随团画师威廉·亚历山大所绘马戛尔尼谒见乾隆情景速写

英国教科书:History in Progress,第二册,出版社 Heinemann

《马戛尔尼谒见乾隆图》,英国漫画家詹姆斯·吉尔雷绘,1792年9月14日出版

第四章

超越课堂的
人文探索

"教育即生活",从学生生活出发,历史知识不仅仅局限于课本,只要留心观察,就能够获得课本以外更多的历史知识。其实生活中到处都是历史,许多贴近学生生活的历史痕迹都能成为课程的生成内容,基于此,我开发了"泥与火的艺术"、"城市与建筑"等人文课程。

　　我国陶瓷艺术历史悠久,博大精深。作为中华文明发展史的一部分,陶瓷为人类社会的进步和发展做出了卓越的贡献。通过几千年的发展,它的制作工艺早已发展得纯火炉青,历史更是赋予了它迷人的艺术魅力。课程"泥与火的艺术"2016年入选上海市中小学专题教育网络课程,经过专家审查已经发布于上海市中小学专题教育网;汇编进2017年11月上海市电化教育馆编的《为增加学生网络学习经历奠基——上海市中小学专题教育网络课程设计案例汇编(二)》,由上海教育音像出版社发行;2019年12月获得上海市教育委员会基础教育资源中心颁发的上海市中小学专题教育网络课程建设"最受欢迎课程"。课程通过人物故事引导情节发展,从而展开主题内容的讲解,通过设计有趣的交互游戏和动手实践,来增加课程学习趣味性;也通过大量的实例、动画短片和视频欣赏等,让学生认识陶瓷艺术品本身承载的历史文化价值、科技工艺价值和美学艺术价值,提升人文素养,激发学生对陶瓷的赏鉴和陶瓷文化的兴趣。

　　附校的趣谱trip课程是"综合实践活动课程",自编《城市与建筑》教材融合历史与社会的跨学科教学,倡导"做中学"。上海海派建筑体现为多样、包容和创新,这些建筑都是上海物化的记忆,也是重要的教育资源,通过开发本土资源,拓宽学生获取信息的渠道,引起学生对优秀历史建筑物的兴趣,激发挖掘背后蕴藏的历史涵义,增强对优秀历史建筑的保护意识。

　　把趣谱trip课程转化成网络课程,可以给予学生更多自主开放的学习空间,让学生走出校园,走进社会,通过网络模拟实地考察的学习方法,在更广阔的网络环境中探究与学习。致力于从文化历史的角度阐释上海百年建筑,从而展现上海近代城市发展的历程。

教学论文

10. 提升传统文化符号的育人价值
——从一门微型人文课程说起

摘要 如何使中国的传统文化符号现代化和国际化,让历史成为现实,让经典成为时尚,让传统成为当下呢?以评鉴性学习方式了解陶瓷的产生及由烧陶到制瓷的演变,初步认识艺术品本身承载的历史文化价值、科技工艺价值和美学艺术价值,激发学生对陶瓷的赏鉴和陶瓷文化产生浓厚兴趣,主动走进博物馆,提升自己的人文素养。

关键词 人文课;传统文化;人文价值;微课

美国《新闻周刊》曾评选出进入21世纪以来,世界最具影响力的国家文化及这些国家的20个文化符号。其中中国和美国文化的影响力位居前列。评选出的中国文化符号有:唐帝国、孔子、汉语、长城、道教、孙子兵法、丝绸、京剧等等。传统"文化符号"这个概念的内涵和外延不怎么好界定,我把它理解为是中华民族传承下来最具特色的文明。如何使中国的传统文化符号现代化和国际化,让历史成为现实,让经典成为时尚,让传统成为当下呢?

上海初中阶段的《历史》教材侧重于人类文明史,通史教材限于课堂教学学时,上述文化符号都一笔带过,学生无法深刻感知这些优秀的文化积淀和它们对中国和世界文化的影响。比如古朴、内涵深刻、艺术境界深远、耐人寻味,具有丰富文化内涵的陶器和瓷器,我就在七年级的人文课程里拓展了"泥与火的艺术"——走近陶瓷,感悟中国那博大精深的陶瓷艺术!用一块小小的泥巴就能捏出这么形象的人物、器物,这种技艺在我国民间已经流传很久了,大浪淘沙,涌现出许许多多精美的陶艺作品。以评鉴性学习方式了解陶瓷的产生及由烧陶到制瓷的演变,以更多历史细节了解一些最具时代特征的艺术品,使学生初步认识艺术品本身承载的历史文化价值、科技工艺价值和美学艺术价值,激发学生对陶瓷的赏鉴和陶瓷文化产生浓厚兴趣,主动走进博物馆,提升自己的人文素养。

课程分四至五个课时。从挑战"小小讲解员"欣赏原始社会陶器作品:比较仰韶文化和马家窑文化的彩陶在造型、纹饰、功能等方面的不同,了解陶艺由具象到抽象,由图像到符号,由实用转向审美的历程,学生可以自主提出问题,为进一步对话提供基础。再重点熟悉两大陶器(都是冥器):规模宏大、富有艺术感染力的秦兵马俑,它为研究秦朝政治、经济、军事制度、文化艺术及科学技术等,提供了极为重要的实物资料;反映了唐代多彩生活的唐三彩。让学生懂得陶器、瓷器的造型与装饰有其时代特征,这是文物鉴定的重要依据,为后面的活动做铺垫。

之后学生自己动手选择喜欢的陶器,用陶土制作器皿,任选造型、纹饰,体验制作过程,感悟陶瓷器的艺术魅力。再进一步了解瓷器,从原始陶器艺术作品中,已经看到了祖先闪光的生活智慧,他们在创造了辉煌的陶文明之后,并没有就此却步,而是在实践中不断地探索,终于在1000多年后,又有了令世人瞩目的创造——瓷器。懂得区别陶器和瓷器,重点了解声名远播、冠绝古今的宋代"五大名窑"瓷器,它的传世品极少,被视为稀世之珍。通过比较分析传世代表作如汝窑天青釉碗、哥窑青釉贯耳瓶、官窑青釉弦纹瓶、钧窑玫瑰紫釉盆托、定窑白釉孩儿枕等造型与装饰方面的共同点,了解宋代五大名窑的产品特征及其成因。图片是记载历史的一种重要方式,以图像证史方法为主,文献资料、图片等结合讲述法、提问法、文献法、讨论法、比较法等进行归纳、分析和对比,获取有效历史信息,增长历史知识。最后再了解青花瓷,明清彩瓷器和"瓷都"景德镇等。由歌曲《青花瓷》导入,青花瓷始创于唐代,元代景德镇的青花瓷标志其制作工艺发展日臻成熟,业界简称为"元青花",真正代表青花瓷最高成就的是清代康熙年间官窑出产的"五彩青花"。青色是古时人们喜欢的颜色之一,青花瓷有一系列"隐喻"之意,古时的读书人希望"青出于蓝而胜于蓝",走上仕途后便有"青云直上"的愿望,渴望做一个人民爱戴的"青天",甚至在卸甲归田之后,还希望能够"名垂青史","留取丹心照汗青"。"青"在当时士人心中的分量可见一斑。简单介绍五彩斑斓的明清彩瓷器工艺,包括各种色釉瓷器、斗彩、五彩、粉彩等。景德镇是举世闻名的瓷都,拥有独特而丰富的陶瓷文化资源。活动以"看宝物竞猜"争做"小小鉴定家",介绍鉴定宝物的一般方法:(1)从造型、纹饰特征判断其年代及真伪;(2)观察纹饰是否精美,做工是否精致;(3)宝物背后鲜为人知的故事;(4)同类作品存世量的多少;(5)器物本身的价值;(6)是否有独特的史料价值。当然,现代已经有了传统鉴定和科技鉴定方法的结合。

这节课的教学内容虽然有限,但如何以此为契机让学生感知历史和培养人文素养,笔者有以下思考。

1. 使学生从古玩器物中感知与生活的密切联系

学生在生活中接触到许许多多的陶瓷用品,但对于古代陶瓷还是很陌生的,如何去鉴赏我国古代的陶瓷艺术品,了解陶瓷艺术浓郁的文化传承,感受它的艺术美,需要在课堂里进一步学习研究。通过视频了解陶瓷的制作流程,在课堂中引入图像史料,提升学生对典型的陶瓷器艺术品的鉴赏能力,学生学习过中国古代通史,具有从多样史料如文字、绘画、实物图片、视频资料中获取信息的能力,用图像证史的学习方法评鉴不同年代的陶瓷器的造型、纹饰、功用等,会欣赏、制作、评论不同纹饰、形制的陶器瓷器。学会了鉴赏陶瓷的基本方法,学生就可以到陶瓷店、博物馆,用相关知识去看去品,丰富自己的经验,提高自己的眼界,最终提高自己的审美水平。学生还可以参与课外探究活动:收藏紫砂陶壶是其具有唯一性,没有代替品,纯手工制作,没有相似做工又相同形状的紫砂壶。学习鉴别紫砂陶壶作品(价格参考、材质鉴别、看壶形状、看壶作者、密度衡量、颜色鉴别);寻访当代的紫砂壶泰斗级的名家名作。

随着人类文明的不断进步,人类审美需求也在不断提高,陶瓷的造型与装饰随着社会的发展,不断变化,尤其是陶瓷的装饰,不同时期的古代陶瓷艺术品的装饰图案涵盖了当时的中国文化和社会习俗等等。收藏瓷器就是收藏文化,是对中国文化精髓的感受。教会学生从两个方面去欣赏一件优秀的陶瓷艺术品:造型与装饰。造型指陶瓷整体的构造,装饰指的是陶瓷表面或者内部的图案设计。如今,业界把元青花和清代康雍乾时期官窑出产的青花瓷作为收藏的首选,从古代陶瓷发展的历程来评估(即历史价值);从艺术性来评估(即艺术价值)主要包括造型、装饰、图案三个方面;从研究价值来评估(即科学研究价值),如有纪年款的瓷器、在纪年墓中出土的瓷器,这些瓷器有较高的学术价值。在课程导入部分使用中国从国际竞拍市场上天价买回流失的文物,这样的例子已经有不少——带着爱国主义情结,买回本国的文化遗产,举例世界第一罐"鬼谷下山",最后"鉴宝"活动再举此例子来说明。2005年7月12日伦敦佳士得举行的"中国陶瓷、工艺精品及外销工艺品"拍卖会上,一只中国元代青花鬼谷子下山大罐,以1400万英镑成交,加佣金后为1568.8万英镑,折合人民币约2.3亿元,创下了当时中国艺术品在世界上的最高拍卖纪录。从古代陶瓷发展的历程来评估:此罐为元代瓷器,处于中国瓷器发展高峰期之一的元明清时期,属于价值最高的时期。从艺术性来评估:此罐造型属于陈设器范畴;装饰属于彩装饰,且为进口钴料;图案为历史人物故事,三方面都体现出很高的价值。从其他因素来评估:此罐高为27.5厘米,径宽为33厘米,尺寸大小适中,珍稀程度罕有,品相完好。因此元青花鬼谷子下山大罐具有很高的价值。

历史知识不仅仅局限于课本,只要留心观察,就能够获得课本以外更多的历史知识。"教育即生活",循着陶瓷器的发展脉络,用情境教学法立足于由近及远的认知规律,从学生生活出发,用直观的图片和易懂的资料激发学生的学习兴趣,然后提出问题,引导学生思考。生活中到处都是历史,许多贴近学生生活的历史痕迹被"七嘴八舌"提出来,成为课程的新生成内容,比如西安法门寺唐朝的秘色瓷。

2. 使学生从民间工艺中体验多角度的情感渗透

学生课外探究活动:"穿越时空的寻宝探源"——参观上海博物馆,北京或台北故宫博物院,撰写参观记。或参与"网寻中国陶瓷器史讯"——任选秦兵马俑、唐三彩陶器作品一件或"宋代五大名窑瓷"、青花瓷作品一件,了解它们本身所承载的历史文化价值、科技工艺价值和美学艺术价值,完成一篇学习小报告(要求:主题、目标、独特的思考视角)。陶瓷文化是我国传统文化中的一个精髓,它使中国享有"瓷国"的美誉,作为中国人,我们为此感到骄傲自豪。

学习品鉴、关注资源背后的信息,宝物的聚散伴随人间悲喜剧。景德镇的一个明代成化斗彩杯就改写过历史人物的命运,这样更能深刻理解景德镇的历史影响。书画作品也不失为记载历史的一种方式,《群神宴》(意大利)乔凡尼·贝里尼作品,这幅文艺复兴时期的作品以"图像证史"证明宋元时期中国的青花瓷器远销欧洲,使学生再体会"china"一词的两种含义,首字母大写是"中国",小写则是"瓷器",可见,在国外中国的瓷器是具有何等的代表性!使学生理解作为中国文化符号之一所具有的国际化,可以再举例被誉为"欧洲景德镇"的荷兰水城——代尔夫特,这里俨然就是一个青花瓷的世界!走在代尔夫特的大街小巷,青花瓷器无处不在。橱窗里、商店里、餐厅里处处都有青花瓷,再对比景德镇为欧洲特殊烧制的最早的中国外销瓷器,从一系列受到互动影响的瓷器可以看到文化的共鸣,欧洲仿造的青花瓷器造型和装饰越来越西方化,但是表现出的新风格是源自中国的青花瓷,这也是欧洲"中国风"的一个缘起。世界在16世纪开始融为一体,海上丝绸—陶瓷之路在这个时代极大地扩展和延伸,与世界市场的初步形成同步,从而推动了全球化的历史进程。以青花瓷为载体的中西文化交流中,青花瓷达到了瓷器新工艺的顶峰。作为商品的景德镇青花瓷大量生产和外销,不仅促进了技术创新,改变了中国瓷器发展的走向,最终还带来了人们审美观念的更新。学生从这些资源中感悟历史的继承性和发展性,能够爱上祖国的传统文化,增强学生的民族自信心和爱国主义情感。

3. 使学生从人文载体中解读多层面的思想内涵

中华民族发展史中的一个重要组成部分是陶瓷发展史,中国人在科学技术上的成果以及对美的追求与塑造,在许多方面都是通过陶瓷制作来体现的,并形成各时代非常典型的技术与艺术特征。本课程重视熏陶感染作用,关注教学内容的价值取向,其丰富的人文内涵对学生精神领域的影响是深广的,同时尊重学生在学习过程中的独特体验。如何真正彰显人文精神,需要关注学生的情感,关注学生的发展。本课程的育人价值是给学生自主选择的空间,注重过程评价和学生自我评价、多维度评价(自评、互评、师评),着眼于"人"的培养,注重全面提高学生的人文素质,"培养高尚的审美情趣和一定的审美能力,发展健康个性,形成健全人格",从而启迪心智,陶冶性情,来充实学生的人文底蕴。

古典文化博大精深,在趣味性、思维性、复杂性、现实性和人文性方面都具有独特魅力。悠悠华夏五千年流传下来的数之不尽的、闪耀着人性光芒的古典文化符号,给了我们永享不尽的精神宝藏,引导学生关注中国古典文化,了解历史上不同时期的人们的现实生活和精神面貌,与圣贤对话,与天地精神往来,陶冶自我人格,提升生命境界,提高思维水平,让学生的精神得到成长。

注:本文刊于2015年第6期全国中文核心期刊《历史教学》,第30—32页。

教学论文

11. 从考察探究"荣宅"说起

摘要 静教院附校的趣谱 trip 课程是以教学方式转变来促进学生关键能力提升,开发学习主题。"城市与建筑"是七年级的考察探究类综合实践课程,学生的项目学习分为准备阶段、实施阶段、总结阶段,以跨学科、主题探究的学习方式提升学生的综合实践能力。

关键词 综合实践活动课程

静安区是人文大区,陕西北路、南京西路、静安寺一带集中遍布老洋房、名人故居等,初中学生对别具特色的老公寓、洋房有好奇心、研究兴趣,巧遇修缮后的"荣宅"对公众免费开放,现场预约后于2017年11月7日带领参与课程的三十五位学生考察了意大利建筑设计师和工匠团队费时6年修复的"荣宅"。宅邸内饰外景恢复了历史的原貌,坐落在静安区的这座老洋房,它的主人荣宗敬坚持实业救国理想,他的私人史就是中国民族资本主义企业的奋斗史,恢复"荣光"的老宅体现在细节与手工艺的极致追求,这个国际文化的产物满足了一场关于西方和东方的对话,从宴会厅、会客厅、饭厅、日光室、卧室、走廊扶梯、门楣、窗沿处处都是中西合璧的和谐、融合,装饰性壁炉和精雕细琢的楼梯栏杆都体现出上海的五方杂处、海纳百川,似乎包容了全世界的文化。

学生实地考察活动效率、效果与准备阶段密不可分,在课程准备阶段教师以具体的评价表和实地考察报告、实地考察活动方案给予学生清晰的研究性学习示范,活动中完成实地考察任务单和小组活动评价表,以研究活动方法的示范——模仿提升学生的探究能力。学习主题"城市与建筑"是七年级的考察探究类综合实践课程,学生的项目学习分为"模块一 准备阶段";"模块二 实施阶段";"模块三 总结阶段"。

1. 准备阶段

通过 AIshool 云智慧互动平台创设情境,以自编教材激发学生对上海建筑的探究兴趣,形成自主探究的意识。就是先让学生理解项目是做什么的,再自主分组成为伙伴共同制定行动纲领、研究实施计划。话建筑,搜信息,确定感兴趣的子课题,鼓励学生依据探究子课题,选择合适的信息收集渠道(网络、图书等),进行相关信息的收集活动,提升信息的收集、整理、甄别等能力。

2. 实施阶段

上海的传统民居、外滩建筑、老公寓、洋房和教堂等是上海物化的记忆,也是重要的教育资源,通过开发本土资源,拓宽学生获取信息的渠道,给予学生自主开放的学习空间,让学生走出校园、走进社会,在更广阔的环境中探究与学习。因此,设计两个活动:①依据教师提供的模板和评价表,学生制定实地考察方案、访谈调查表、实地考察任务单,意图是提升学生的规则意识和关键技能,尤其是自主探究与小组合作探究的意识、能力。②依据学生的子课题计划设计以下实地考察活动:走访马勒别墅、外滩十八号,参观装饰一新的"荣宅",还有怀恩堂、田子坊,整体认知上海建筑的文化内涵,考察中培养记录的好习惯,收集整理目标信息,提高观察、比较、辨别、合作、沟通交流等能力。

3. 总结阶段

通过考察报告、研究报告的撰写,跨越学科界限的探究活动,学生学会多角度、多层次地交流分享、评价学习成果。①先由各组分别完成考察报告、研究报告,教师指导修改,以网络 AIshool 互动平台的分组研讨组织多个成果交流分享会,几轮后评选出最完整、最有想法的考察报告、研究报告。最后,反思自己与同伴需要改进的地方。②通过物化成果的展示交流分享,传承、发扬海派文化兼容并蓄的传统,提升对家乡的热爱之情。

考察探究的关键要素包括:发现并提出问题;提出假设,选择方法,研制工具;获取证据;提出解释或观念;交流、评价探究成果;反思和改进。本课程的考察探究是基于自身兴趣,在教师的指导下,从社会和学生自身生活中选择和确定研究主题,开展研究性学习。在观察、记录和思考中,主动获取知识,分析并解决问题的过程,如社会调查、实地考察等,注重运用实地观察、访谈等方法,获取材料,形成理性思维、批判质疑和勇于探究的精神。上海海派建筑体现为多样、包容和创新,这些建筑记录着上海城市演变的历史,体现传统建筑文化与近现代西方文化的交融,学生的研究报告还是缺乏思考深刻的问题解决,没有从上海建筑的背后故事提升理性认知,研究背景、研究回顾与展望都是泛泛而谈,考察访谈中的积极主动、礼貌合作等人文核心素养需要进一步在行动中落实。

课程在真正改变学科学习为项目学习,改变独立学习为合作学习,改变间接知识学习为直接知识学习后,教师任重而道远的是如何以跨学科、主题探究的学习方式提升学生的综合实践能力。把确定的目标序列、制定的表现标准、建立的过程评价一步步完善,开智启德的同时完成从零散的课题到相对完整的项目,学生在润物细无声中得到研究性学习技能、素养的提升。

注:本文刊登于 2018 年 3 月《上海教育》,第 27 页。

教学论文

12. 初探"乡土历史"的综合实践课程

摘要　以跨学科、主题探究的学习方式提升学生的综合实践能力。

关键词　综合；探究

目前国内初中学生的基础课学习多以学科知识学习、单一学科学习为主，比如中国历史、世界历史的学习多通史，基本没有主题学习、项目学习，要弥补不足就在学科方式、组织方式、认知方式等做尝试改变。比如选择《上海乡土历史》八个专题中的第七专题《千姿百态的建筑》，以主题学习落实在综合实践课程中。笔者尝试确立考察探究类学习主题"城市与建筑"，也源于初中《社会》专题三《感受城市运行》。初中学生对别具特色的老公寓、洋房有好奇心、研究兴趣和考察愿望。静安区遍布老洋房、名人故居，每幢建筑都有故事，可以成为教育资源。于是，笔者尝试改变学科学习为项目学习，改变独立学习为合作学习，改变间接知识学习为直接知识学习。

一、学生是项目学习，分成三个阶段的模块学习（附录阶段评价表）

模块一使用十二课时，通过创设情境，激发学生对建筑探究的兴趣，形成自主探究的意识。就是先让学生理解项目是做什么的，再通过"大脑风暴"来确定感兴趣的主题，随后制定项目计划，再自主分组成为伙伴参与的项目研究。

因此，设计两个活动：(1)理解项目内容，通过讨论交流，确定项目主题，进行小组分工，制订计划。让学生学会团队合作、合理分工，形成计划先行的意识。(2)话建筑，搜信息，通过开发本土资源，拓宽获取信息的渠道，提升学生获取信息的能力，鼓励学

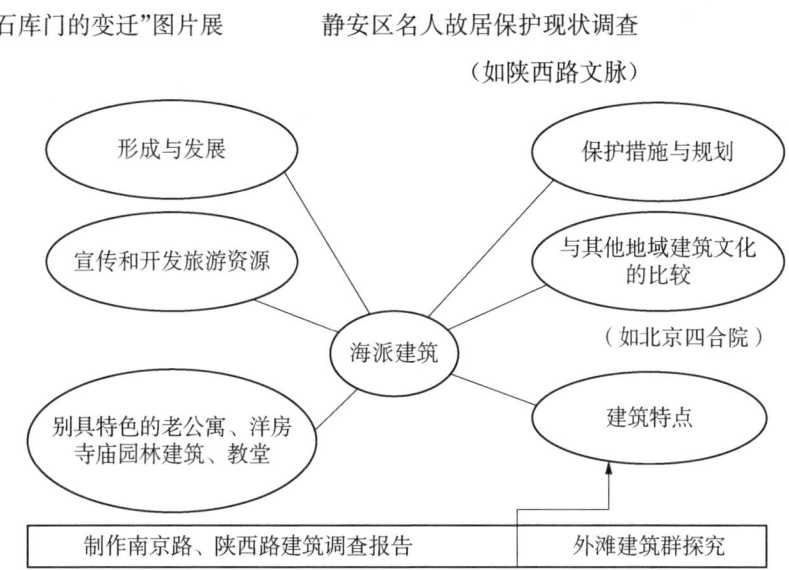

生根据自己的探究主题,选择合适的信息收集渠道(网络、图书等),进行相关信息的收集活动,提升信息的收集、整理、甄别等能力。

模块二使用八课时,上海的传统民居、外滩建筑、老公寓、洋房和教堂等是上海物化的记忆,也是上海乡土历史的重要教育资源,可以给予学生自主、开放的学习空间,让学生走出校园,走进社会,在更广阔的环境中探究与学习。因此,设计两个活动:(1)依据教师提供的模板和评价表,学生制定考察方案、任务单,实地考察访谈报告,提升自主探究和小组探究的能力。(2)依据学生的课题计划设计以下实地考察活动:先走访马勒别墅、外滩十八号,再参观装饰一新的"荣宅",还有怀恩堂、田子坊,整体上认识上海建筑的文化内涵,养成记录的好习惯,收集整理所需的信息,提高观察、比较、辨别、小组合作、交流分享等能力。

模块三使用十课时,通过考察报告、研究报告的撰写,跨越学科界限的探究活动,学会多角度、多层次地交流分享、评价学习成果的意识。(1)先由各组分别完成考察报告、研究报告,教师指导修改,再组织多个成果交流会,几轮后评选出最完整、最有想法的考察报告、研究报告。最后,反思自己与同伴需要改进的地方。(2)通过制作成果的展示进行交流分享,传承、发扬上海海派文化海纳百川、兼容并蓄的传统,提升学生对家乡的热爱之情。

二、学生学习的组织方式是合作学习,所有项目得分是小组捆绑得分

模块一 分组制定行动计划⇒小组课题方案⇒课题资料收集记录卡。

学生行动纲领

小组名称	
小组成员	
小组标识	
小组口号	
子课题	
选择理由	
实施步骤	

课堂评分

小组名称	组长	行动纲领 60分	组织水平 10分	合作度(参与)10分	服务意识 10分	创新度 10分	总分(100)
IF 小队	左韵和	62	10	10	5	5	92
百舸争流	沈舸	55	8	5	5	8	81
超次元小组	赵剑卿	40	6	5	5	5	61
爱屋究屋	王天旸	55	8	8	5	10	86
Empire 小队	周呈祥	55	10	5	12	8	90

小组课题方案表(第一稿)

子课题			
组长		组员	
课题背景说明:			

续 表

探究目的及问题	
小组成员任务分工	
活动步骤	
活动所需的条件	
预计困难	
预期成果	
表达形式	

小组合作学习课堂评分表

小组名称	组长	课题方案 第一稿 70 分	组织纪律 10 分	合作度 （参与）10 分	创新度 10 分	总分(100)
IF 小队	左韵和	70	8	12	8	98
百舸争流	沈舸	65	5	5	5	80
超次元小组	赵剑卿	65	8	5	8	86
爱屋究屋	王天旸	72	8	5	12	97
Empire 小队	周呈祥	73	8	8	8	97

小组课题资料收集记录卡

小组课题	
小组成员分工岗位	
小组课题关键词	
小组课题提出问题	
小组课题解决问题	

小组合作学习课堂评分表

小组名称	组长	课题资料收集记录卡70分	组织纪律10分	合作度（参与）10分	创新度10分	总分（100）
IF 小队	左韵和	70	10	10	7	97
百舸争流	沈舸	70	6	8	6	90
超次元小组	赵剑卿	70	8	8	8	94
爱屋究屋	王天旸	60	10	5	5	80
Empire 小队	周呈祥	70	8	6	6	90

作业：图书馆文献查阅

小组名称	组长	文献资料查阅（方式、数量、速度、记录）100分
IF 小队	左韵和	70
百舸争流	沈舸	90
超次元小组	赵剑卿	100
爱屋究屋	王天旸	60
Empire 小队	周呈祥	95

模块二 考察方案⟹评价表⟹任务单⟹考察访谈报告。

《城市与建筑》课程实地考察活动方案——"荣宅"

一、活动目的

通过此次实地考察的研究方式，对比网络资料、文献资料的研究学习与实地考察、访谈的学习方式不同之处，并比较、体验、感悟城市发展的名片——建筑的前世今生，懂得如何去加深自己对问题的认识，因为世界是在不停变化的。

二、活动时间地点：10月31日 下午1:50—4:00。

三、参加对象

七年级《城市与建筑》课程的三十五位同学和带队教师。

四、活动内容

1. 准备阶段：

1)第8、9周学生依据教师提供的实地考察、访谈报告、研究报告模板及反馈表,提出考察目的地,确定考察内容、考察方式,制定访谈提纲、考察计划,准备访谈记录表、考察记录表;

2)详细研读考察报告、研究报告,明确各组分工、组员职责。

2. 实施阶段:

第10周周二实地考察,完成活动小结。

五、活动保障

1. 负责人:薛艳。

2. 教师安排:最好派一名老师跟随。

3. 交通方式:包车前往,需要1辆车。

4. 时间大致安排:1:50操场集合,1:55发车,3:30集合返回。

5. 备注事项:

教师拍照留下学生活动记录;

学生带好纸笔,填写完成考察、访谈报告。

六、应急措施

1. 每组的组长带队,确保本组七位成员始终在一起活动;

2. 报告单上提供教师的联系方式;

3. 教师根据名单于出发前、上车后清点人数。

《城市与建筑》2017年10月31日考察活动小组评价表

填表人_____

组名	组长	集中速度 (10分)	公德意识 (安静、 有序) (10分)	资料收集 (有效、 具象) (10分)	与人沟通 (礼貌、 有计划) (10分)	分工合作 (互动、 配合) (10分)	考察访谈 报告 (50分)	总分 (100分)
IF小队	左韵和							
百舸争流小组	沈舸							
超次元小组	赵剑卿 王怡然							

续表

组名	组长	集中速度 (10分)	公德意识 (安静、 有序) (10分)	资料收集 (有效、 具象) (10分)	与人沟通 (礼貌、 有计划) (10分)	分工合作 (互动、 配合) (10分)	考察访谈 报告 (50分)	总分 (100分)
爱屋究屋小组	王天旸 尚文然							
Empire小队	周呈祥							

《城市与建筑》2017年10月31日"荣宅"考察任务单

小组名称_____ 组员_____

1. 荣宗敬故居就是人们常说的"荣氏老宅",建成于1918年,位于静安区_____。这是一栋融合了中西方美学的经典建筑,有着百年浓重而深厚的历史底蕴,承载了20世纪最顶层的优雅生活和建筑美学,该产业基地面积_____亩,建筑面积_____平方米,花园面积_____平方米,建筑由_____设计。

2. 上海老洋房"荣宅"坐落于静安区,是钢筋混凝土结构,形式丰富,具典型的西方特征,是属于_____(建筑风格、特征)。在主楼的门廊宽敞,两层高大的_____式廊柱(希腊三大柱式之一)更添豪华气派,钟塔般的楼角在绿荫中若隐若现。

3. "荣宅"门楣和窗沿上刻着精美雕花,有_____(欧式、中式),窗户是彩色的拼花玻璃,有_____(颜色),红色的楼角从树丛里探出头来,南边还有一方平整的草坪。这座带花园的独立式三层西式住宅,是著名实业家荣宗敬早期的沪寓所在,人称"荣氏老宅"。荣宗敬和他的弟弟荣德生是荣氏商业家族的第一代掌门人,在当时被称为"_____大王"、"_____大王"。

4. PRADA以及意大利建筑设计师和工匠团队费时6年修复,引入欧洲匠艺的做法,让修复后的荣宅充满着鲜明的欧洲古典主义色彩,荣宅恢复宅邸内饰外景的历史原貌,你印象深刻的是_____。

5. 上海"弄堂风情游",是静安区多年来的品牌旅游产品,探索老房子、私人住宅的开放参观,你去过_____。

《城市与建筑》实地考察、访谈报告(模板)

小组名称:

小组课题名称:

小组组长:

小组成员:

小组评价单

评价项目		评价标准				评定
		需完善	合格	良	优	
前期准备	问卷设计 采访提纲 考察计划					
实地考察	资料收集 与人沟通 分工合作					
成果展示	PPT制作 材料呈现 语言表达					

考察报告自评表

项目	评分描述	需完善	合格	良	优
主题明确	有调查主题、突出重点。				
结构完整	符合调查报告的基本规范,能够提出问题、分析问题,获得基本数据。				
内容真实	①实际实地进行了社会调查工作;②有详细数据资料(非通过网络资料整理)、图片资料等的支撑。				
成果有效	能提出切实、可行的解决方案、建议和措施。				
表述清晰	无错别字,字数控制在3千—5千字左右				

活动过程与记录

确定考察内容和考察方式

小组讨论考察的建筑有哪几方面的变迁,可以通过哪些方式收集需要的信息。

希望了解的内容	收集信息的途径
	实地考察
	采访

制定行动计划

制定小组访谈提纲和考察计划。

小组交流,对提纲计划进行协调完善。

访谈提纲

访谈对象:

访谈目的:

访谈地点:

访谈时间:

访谈问题:

考察计划从完成时间和人员分工等方面协调。

根据小组计划,明确个人职责。

我的职责

明确小组计划:

清楚自己各阶段职责:

按时保质完成任务。

支持、帮助有困难的组员。

自我监控反思。

进行访谈和考察

按照计划进行。

认真做好访谈、考察记录。

访谈记录表

采访时间		采访地点	
被采访者姓名		被访者工作单位	
访谈记录			
			记录人:

整理考察记录

对小组收集的信息进行整理

形成小组考察报告

小组汇总考察报告,进行信息整理,通过访谈、考察进行之前资料查询的核实工作,加入小组成员的分析、感想,形成调查报告。

"　　　　"考察报告

考察目的:归纳、总结××××的发展变化………

考察时间和地点:

考察方式:访谈　实地

考察过程：

考察结果：

我们的感想：

活动小结

小组在制定行动计划时，思考的问题有：

小组在大交流时，其他组员提出这些建议：

我们小组与其他组在以下方面进行了协调：

在访谈调查过程中，我们认为比较重要的环节有：

关于如何使访谈更成功，我们有这样一些经验：

在这次活动中，我的个人收获：

履行的个人职责：

个人利益与集体利益关系………

模块三 完成报告 ⟹ 互评、修改 ⟹ 评价、反思。

《城市与建筑》研究报告模板（第一稿）

封面：静教院附校

Trip 课程名称＿＿＿＿＿＿＿

课题名称＿＿＿＿＿＿＿

小组（队）名称＿＿＿＿＿＿＿

组长名字、组内职责＿＿＿＿＿＿＿

组员名字、组内职责＿＿＿＿＿＿＿

组员名字、组内职责＿＿＿＿＿＿＿

组员名字、组内职责＿＿＿＿＿＿＿

组员名字、组内职责＿＿＿＿＿＿＿

组员名字、组内职责＿＿＿＿＿＿＿

正文：摘要（用200－300字概括本研究报告）

关键词：

第一章　问题的提出——研究背景

研究背景——为什么会研究这个问题

研究方法——用了什么方法？查找文献资料？网络资料？实地考察？访谈老师家长？

研究创新点——你们做的和别人做的有什么不一样？

第二章　研究过程

研究内容——你们做了什么？

第三章　研究结论与展望

研究结论——通过研究得出一个什么结论或结果？

研究回顾展望——在实际研究过程中有什么不足之处？可以进行改进吗？或者在得出结论后，对未来这个问题如何发展有什么期待展望？

第四章　参考文献资料

查了哪些书籍，网络资源？

第五章　小组反思和总结

写下对trip课程中小组合作出现的问题，解决办法的感想。

注：字体：宋体，小四；行距1.5倍；可以插入图片，可以Word，PPT等形式

小组研究报告交流评价单

组名	组长	研究报告主题突出、有重要环节、视角新颖、图文并茂（40分）	同伴合作、分工明确、有团队意识（20分）	响亮流畅并有吸引力地介绍研究报告（20分）	遵守纪律、有时间观念（20分）	总分（100分）
IF小队	左韵和					
百舸争流小组	沈舸					
超次元小组	赵剑卿 王怡然					

续 表

组名	组长	研究报告主题突出、有重要环节、视角新颖、图文并茂（40分）	同伴合作、分工明确、有团队意识（20分）	响亮流畅并有吸引力地介绍研究报告（20分）	遵守纪律、有时间观念（20分）	总分（100分）
爱屋究屋小组	王天旸 尚文然					
Empire 小队	周呈祥					

三、学生间接知识学习为直接知识学习

学生在模块一的项目学习时，提供教师自编学习资料《由上海建筑想到》《上海的昨天、今天、明天》《外滩建筑的前世今生》《陕西路数历史》《荣宅》等等，目的是让学生寻找有兴趣探究的子课题，学生从学习资料获得间接知识，包括网络的百度百科等。学生模块二的项目学习以获得直接经验、知识为主。学生在模块三的项目学习中自己实践总结出的也是直接知识。每一阶段学习结束提供阶段评价表（附录部分），实现评价与教学同步，在三大模块学习中都使用 Aiclass 网络平台，把每次的小组作业及教师评语、评价单都拍照上传，供各组交流、总结。

上海海派建筑体现为多样、包容和创新，这些建筑记录着上海城市演变的历史，体现传统建筑文化与近现代西方文化的交融。出色的学习者对事物充满好奇，并且懂得如何去加深自己对事物的认识。如何判断问题的重要性、表达的准确性，就是为旧问题给出新的、更好的答案的能力，甚至是能够及时发现旧的答案已经不合时宜的能力，因为世界是在不停变化的。总之，本课程的考察探究是基于学生自身兴趣，在教师的指导下，从社会和学生自身生活中选择和确定研究主题，开展研究性学习，在观察、记录和思考中，主动获取知识，分析并解决问题的过程，如社会调查、实地考察等，注重运用实地观察、访谈、实验等方法，获取材料，形成理性思维、批判质疑和勇于探究的精神。考察探究的关键要素包括：发现并提出问题；提出假设，选择方法，研制工具；获取证据；提出解释或观念；交流、评价探究成果；反思和改进。

附录:

第一阶段评价表
(A、B、C、D 等第)

评价内容		标准描述(四个等第)	自评	互评	师评
课题计划	做方案	能清楚地说出本组方案主题及任务。			
		能大概说出本组方案主题及任务。			
		能受同伴启发说出本组方案主题及任务。			
		说不出本组方案主题及任务。			
	做互评	能说出或写出其他组方案的优缺点和改进之处。			
		能说出或写出其他组方案的优缺点。			
		能在同伴启发下说出或写出其他组方案的优缺点。			
		说不出也写不出其他组方案的优缺点。			
合作交流	帮同伴	能主动帮助有困难的同伴。			
		能在同伴要求帮助时去帮助解决困难。			
		能在同伴要求帮助时提出一些建议。			
		不愿帮助同伴。			
沟通表达	学表达	明确地说出自己的想法。			
		乐于表达自己内心的想法。			
		能在同伴启发下表达自己的想法。			
		不愿也不想表达自己的想法。			
学习态度和习惯。	写日志	能及时做好活动记录并字迹清楚,内容详细。			
		能做好活动记录并有具体内容。			
		能做好活动记录但偶尔会忘记。			
		不做或很少做活动记录。			
	有兴趣	能有强烈的好奇心并积极地参与学习活动。			
		能积极地参与学习活动。			
		能参与学习活动。			
		对学习活动没有兴趣。			

续表

评价内容		标准描述（四个等第）	自评	互评	师评
学习热情和纪律	守纪律	能专心听讲，轻声讨论并提醒同伴遵守纪律。			
		能专心听讲但讨论时偶尔会声音较响。			
		能认真听讲但偶尔会开小差，讨论时声音较响，但提醒后能及时改正。			
		喜欢到处走动，说话时从不考虑他人，甚至有吵闹行为，影响他人思考。			
小组分工评价	齐参与	能积极配合组长讨论分工合作内容。			
		能主动讨论分工合作内容。			
		能在同伴的启发下，讨论分工合作内容。			
		不能主动参与讨论，不知道自己能够做什么。			

第二阶段评价表
（A、B、C、D等第）

评价内容		标准描述（四个等第）	自评	互评	师评
学习态度和习惯	写报告	能及时做好活动记录、评价表，字迹清晰，内容完整、详细。			
		能做好活动记录、评价表，并有具体内容。			
		能做好活动记录、评价表，但偶尔会忘记。			
		不做或很少做活动记录、评价表。			
学习热情和纪律	有兴趣	有强烈的好奇心并积极地参与考察活动。			
		能愉快地参与考察活动。			
		能参与考察活动。			
		对考察活动没有兴趣。			
	守纪律	能迅速集中、有公德意识，专心听讲，轻声讨论并提醒同伴遵守纪律。			
		能迅速集中、有公德意识，专心听讲，但讨论时偶尔声音较响。			
		能集中、有公德意识，认真听讲但偶尔会开小差，讨论时声音较响，但提醒后能改正。			

续 表

评价内容		标准描述(四个等第)	自评	互评	师评
		集中慢,缺乏公德意识,说话时不考虑他人,甚至有喧哗行为。			
	善沟通	能拟好访谈提纲,非常有礼貌,并能有效互动,相互配合默契。			
		能有访谈提纲,有礼貌,并能互动,相互配合。			
		没有访谈提纲,用语礼貌,能有互动,成员能相互配合。			
		没有提纲,没有互动,成员之间缺乏配合。			

第三阶段评价表
(A、B、C、D等第)

评价内容		标准描述(四个等第)	自评	互评	师评
解决问题	做报告	能说出或写出考察、研究报告的优缺点和改进办法。			
		能说出或写出考察、研究报告的优缺点。			
		能在同伴启发下说出或写出点考察、研究报告优缺点。			
		说不出也写不出考察、研究报告优缺点。			
合作交流	帮同伴	能主动帮助有困难的同伴。			
		能在同伴要求帮助时去帮助解决困难。			
		能在同伴要求帮助时提出一些建议。			
		不愿帮助同伴。			
展示表达	讲清楚	能响亮流畅并有吸引力地介绍考察、研究报告。			
		能清楚顺利地介绍考察、研究报告。			
		能朗读书面材料介绍考察、研究报告。			
		不敢进行介绍或介绍时声音轻微口齿不清。			
	用技术	能合理运用技术来增强展示效果。			
		能运用一般技术来达到一些展示效果。			
		能运用一般技术但有时使用不合理。			
		不会使用技术或技术运用不合理影响展示效果。			

续表

评价内容		标准描述（四个等第）	自评	互评	师评
学习态度和习惯	管资料	能分类保存资料从不丢失并能很快找到。			
		能保存资料从不丢失但查找困难。			
		能保存资料但偶尔会丢失。			
		不会保存资料或经常找不到。			
	写报告	能依照模板，字迹清楚内容详细，完整地完成考察、研究报告。			
		能依照模板，完整地完成考察、研究报告。			
		能依照模板，完成考察、研究报告。			
		不能依照模板，完成考察、研究报告。			
学习热情和纪律	有兴趣	有强烈荣誉感，积极地参与交流、评价活动。			
		能愉快地参与交流、评价活动。			
		能参与交流、评价活动。			
		对交流、评价活动没有兴趣。			
	守纪律	能专心听，积极参与讨论并提醒同伴遵守纪律。			
		能专心听，但偶尔参与讨论。			
		能认真听讲，但偶尔会开小差，但提醒后能改正。			
		没有参与交流、评价。			
信息规范和准则	注来源	能在引用他人信息时都注明来源。			
		能在引用他人的信息时注明来源但偶尔会忘记。			
		能知道引用他人信息时要注明来源但经常忘记。			
		在引用他人信息时从不注明来源。			
	用术语	能知道并正确使用更多的IT术语。			
		能正确使用IT术语。			
		能使用IT术语但有时会出错。			
		不会或不愿使用IT术语。			

续 表

评价内容		标准描述(四个等第)	自评	互评	师评
诚信意识和行为	认真评	能公正地评价自己和同伴且理由充分用语恰当。			
		能公正地评价自己和同伴。			
		能公正地评价同伴但有时会抬高自己。			
		经常喜欢贬低同伴或抬高自己。			
	守信用	能准时完成组内承担的任务。			
		能完成组内承担的任务但有时会拖延。			
		经常不能按时完成组内任务。			
		经常不完成组内任务。			

教学案例

10. 上海市中小学专题教育网络课程

"泥与火的艺术"（初中）

目录

课程简介

模块一　烧陶与制瓷

【学习目标】

1. 陶的起源

1.1　陶器的发明与意义

1.2　彩陶文化

1.3　黑陶文化

2. 陶瓷器的发展历程

2.1　陶器的发展

2.2　瓷器的发展

2.3　陶与瓷的区别

模块二　秦唐时期的陶瓷艺术品

【学习目标】

1. 有艺术感染力的秦兵马俑

1.1　文物鉴赏

1.2　实物资料

1.3　价值评鉴

2. 反映唐代多彩生活的唐三彩

2.1　文物鉴赏

2.2 艺术价值

3. 唐朝秘色瓷

3.1 法门寺地宫秘色瓷鉴藏

3.2 艺术特征

3.3 价值评鉴

模块三　宋元时期的陶瓷艺术品

【学习目标】

1. 宋五大名窑瓷

1.1 汝窑

1.2 官窑

1.3 哥窑

1.4 钧窑

1.5 定窑

2. 元青花瓷

2.1 繁荣的元青花

2.2 艺术特征

2.3 价值评鉴

模块四　陶瓷与生活

【学习目标】

1. 评鉴收藏

1.1 评鉴藏品

1.2 瓷器鉴定方法

1.3 传统鉴定 PK 科技鉴定

2. 陶瓷在生活中的应用

2.1 日用陶瓷

2.2 艺术陶瓷

2.3 工业陶瓷

3. 手工泥趣

3.1　现代陶艺

3.2　制作工艺

课程简介

我国陶瓷艺术历史悠久,博大精深。作为中华文明发展史的一部分,陶瓷为人类社会的进步和发展做出了卓越的贡献。通过几千年的发展,它的制作工艺早已发展得纯火炉青,历史更是赋予了它迷人的艺术魅力。

本课程以陶瓷的发展为线索,从陶瓷的起源与发展、具有时代特征的陶瓷艺术品和现代陶瓷与生活几方面,讲述了陶瓷在历史上发展的作用和意义,以及对现在社会生活的影响等。课程通过人物故事引导情节发展,从而展开主题内容的讲解,其中设计有趣的交互游戏和动手实践,来增加课程学习趣味性;也通过大量的实例、动画短片和视频欣赏等,让学生认识陶瓷艺术品本身承载的历史文化价值、科技工艺价值和美学艺术价值,提升人文素养,激发对陶瓷的赏鉴和陶瓷文化兴趣。

模块一　烧陶与制瓷

学习目标

通过本模块的学习,了解陶器起源,理解陶器文化的意义和贡献;了解陶瓷器的发展与区别,感受当时社会文化发展和精湛的工艺技术。

1. 陶的起源

陶瓷文化历史悠久,在原始社会就出现了陶器,其中仰韶文化和马家窑文化的彩陶在造型、纹饰、功能等方面都不相同。经过发展,陶艺慢慢由具象到抽象,由图像到符号,由实用转向了审美。

1.1　陶器的发明与意义

【人物】:小布(初中,男孩)、多多(初中,女孩)、机器人讲解员(可爱)】

【场景】:在陶瓷博物馆大厅,机器人讲解员接待前来看展的小布和多多。】

机器人:欢迎来到陶瓷科普馆,我是解说员机器人007,你们这次的陶瓷之旅,将由我来服务!

多多：好神奇啊！辛苦你了。

机器人：不客气！

【场景：陶的起源展区，里面陈列了很多古代陶器展品（有的有花纹，有的没有花纹）】

小布：哇！这些陶器都有好几百甚至上千年了吗？宝贝呀！

机器人：是的。

多多：古人真是太厉害了，他们是怎样发明制作陶器的呀？

机器人：随着火的发明和使用，中国先民在改造大自然的长期劳动实践中，伴随着无数次失败与成功的体验，慢慢制造出满足需求使用的陶器。

（小布突然发现一个陶器展品，如下图）

小布：这个陶器是干什么用的，很有意思！

机器人：这是一套2 800年前古人类所用的陶制烹饪器具，其中一为陶锅，另一个为放置在锅上用来蒸东西的笼屉（即为史书中记载的"甑"）。

小布：哇！新石器时代人们就会使用陶器煮食物，吃熟食啦。

机器人：是的！

旁白：陶器的出现是人类的一大进步，推动人类社会从"蒙昧时代"进入"蛮荒时代"。它体现了人类对水、土、火的认识和把握，开启了民族传统文化的先河，为以后的建筑、雕塑与工艺美术等奠定了基础。

1.2 彩陶文化

多多：这些陶器都好漂亮，都很有各自的特点。

机器人：是的。陶器是中国古文化之一的艺术创造物。陶器的形式、风格发生过多次变化，也各自产生了很多特点，都表达着自己的时代精神。在新石器时代表现在陶器的器形、纹饰和质地上，制陶业取得的最大成就是彩陶艺术，各个地区文化彼此影响、相互交流，或继承发展，在中国历史长河中形成了共通又丰富多彩的艺术风格。

旁白：彩陶文化为新石器时代早、中期的代表性文化，花绘题材繁多，多与当时人们的经济生活与信仰崇拜有关。其中尤以仰韶文化、马家窑文化中的彩陶最具代表性。

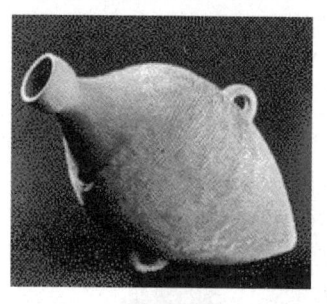	仰韶文化彩陶 （半坡遗址出土的尖底瓶） 半坡造型：底尖、口大。 纹饰：自然形、鱼纹形。
	马家窑文化彩陶 以漩涡为中心，用点、线、面结合，具有奔放的美感。 造型：多样性纹饰——几何图纹、旋涡纹、波浪纹等。

1.3 黑陶文化

小布：在新石器时代，黑陶文化也非常具有代表性吧？

机器人：没错，黑陶出现在新石器时代晚期的龙山文化、良渚文化等遗址，是继仰韶文化彩陶之后的优秀陶种。

旁白：黑陶有黑如漆，声如磬，薄如纸，亮如镜，硬如瓷的美誉。黑陶文化是黄河流域文化，以其深厚的历史底蕴和丰富的人文内涵，构成汉文化的源渊龙脉。

	龙山文化黑陶 （高柄镂空蛋壳陶杯） 无釉而乌黑发亮，胎薄而质地坚硬，体现了一种单纯质朴的极致之美。
	良渚文化黑陶 （黑陶三实足盉） 具有细腻、精致、无釉无彩的特色，突显高贵、典雅、古朴、神秘的特色。

互动游戏

远古人类会在陶器器皿上画一些简单的动植物、人类生活、狩猎等场景，来传递人们对生活的美好愿望。生活在当代的你们，会想在陶器上画些什么图案呢？画一画吧！

2. 陶瓷器的发展历程

从原始陶器艺术作品中,已经看到了祖先闪光的生活智慧,他们在创造了辉煌的陶文明之后,并没有就此却步,而是在实践中不断地探索,终于在1000多年后,又有了令世人瞩目的创造——瓷器。

2.1　陶器的发展

【场景:陶的起源展区】

小布:007,陶器在原始社会就已经发展得很好了,在后面几千年,陶器还有怎样的发展啊?

机器人:中国陶器历史源远流长,几千年的发展中,制陶工艺越加成熟,其陶文化也影响了很多时代。

旁白:陶器的发明是原始社会新石器时代的一个重要标志。

夏、商、周三代,陶器是主要的容器类型。

商代和周代,已经出现了专门从事陶器生产的工种。

汉代时,出现铅釉陶,其为汉代陶艺最高成就。

唐代盛行唐三彩,唐三彩也是唐代陶器中的精华。

从东周至宋代约1500年中,陶俑一直盛行。

宋辽金元时期,陶俑的使用逐渐减少,到清代初期陶俑基本绝迹。

明清两代时,宜兴紫砂陶器极为兴盛,它以其自身鲜明的艺术特色,成为中国最负盛名的陶器品种。

2.2　瓷器的发展

【场景:显示小布、多多正在欣赏各年代的陶瓷】

多多:我发现在新石器时代只有陶器,后来才有瓷器的。

小布:是呀,是呀,为什么呀?

机器人:因为瓷器的发明是在陶器技术不断发展和提高的基础上产生的。如果没有制陶术的发明及其技术不断的改进,瓷器是不可能单独发明的,尤其是后来那些精美陶瓷器,都经过漫长的发展。

旁白:随着陶器的技术不断发展和提高,商朝时,出现了原始瓷器,它是用瓷土(高岭土)作原料,烧成温度达1000℃以上。

原始瓷从商代出现后,经过西周、春秋战国到东汉的变化发展,由不成熟逐步到成熟。

东汉至魏晋,出现了青瓷和白瓷,这种高水平的治瓷技术,标志这中国瓷器生产已进入一个新时代。

唐代,越窑生产的青瓷和北方邢窑生产的白瓷最有名,形成南青北白的风格。

宋代时,瓷窑遍布全国,出现了五大名窑:官窑、汝窑、哥窑、定窑和钧窑。

元代时,出现青花瓷。

明清时,瓷器发展到鼎盛时期,更是烧制出五彩瓷和珐琅彩瓷。

2.3 陶与瓷的区别

多多:陶器和瓷器到底有什么区别?

机器人:瓷器和陶器是两种不同的物质,但两者间又存在着密切的联系。出现卡通形象(两个罐子,上面分别有陶和瓷文字),通过引导提问的方式来讲解陶与瓷的区别。

卡通陶:大家好,我是陶器。

卡通瓷:大家好,我是瓷器。

卡通瓷:你们认为我与陶与什么区别呢?选一选吧!

(进入互动,陶与瓷下方出现一个框,在画面下方有些文字按钮,可以拖动这些文字按钮到对应的框中)

区别	材料	烧成温度	釉料	敲击声音	硬度	透明度
陶器	黏土	700℃－900℃	上低温釉或不上釉	雄浑	质地软、吸水	不透明
瓷器	高岭土	1200℃以上	上高温釉	清脆	质地硬、不吸水	半透明

卡通瓷:没错,我与陶器在材料、烧成温度、釉料、敲击声音、硬度以及透明度等方面都有很大的不同。

卡通陶:我的烧成温度一般都低于瓷器,一般在700℃－900℃。

卡通瓷:我的烧成温度大都在1200℃以上,甚至有的达到1400℃左右。

卡通瓷:我比陶器胎质致密、坚硬。陶器胎体硬度较差,有的甚至可以用钢刀划出沟痕。

卡通陶：我使用一般黏土即可制坯烧成。不像瓷器要选择特定的材料，以高岭土作坯。如果一不小心，用了烧陶的温度烧制，它就成了陶器，看，古代的白陶就是如此烧成的。

卡通陶：我的胚体在烧到1200℃时，不会成为瓷器，但是会被烧熔为玻璃质。

卡通瓷：看到了吗？我的胎体无论薄厚，都具有半透明的特点。陶器可没有哦。

卡通陶：我有不挂釉和挂釉的两种，挂釉的陶器釉料在较低的烧成温度时即可熔融。

卡通瓷：我的釉料有两种，既可在高温下与胎体一次烧成，也可在高温素烧胎上再挂低温釉，第二次低温烧成。

卡通瓷：还有，我的敲击时声音清脆。陶器敲击时声音雄浑。

多多：也就是说瓷器与陶器最主要的区别在于原材料与烧成温度，其他的区别都与此有关。

机器人：没错！制陶工匠只要掌握了烧成温度的技术，并认识到高岭土与一般黏土的区别，便具备了发明瓷器的条件。

视频资源链接

《说东道西——话陶瓷》《中国古代陶器造型》《中国古代陶器——火与土的图腾》《烧出来的艺术——陶器》《中国工艺珍宝》《中华陶瓷之美——夏商灰陶器》《中华陶瓷之美——西周春秋战国陶器》《中国陶艺》（一、二）《瓷器在线——陶器与瓷器》《紫砂之家——探秘均陶器》《上海元青花瓷器展》。

互动小测试

（把4个题做成一个宝物鉴定的形式，每个题中的答案都是一个瓷器，正确答案为真品，错误答案是赝品，要求把是错误的答案的赝品全部都敲碎掉。）

1. 下面符合仰韶文化彩陶的造型、纹饰特点的是（ B ）

A. 造型：底平、口大；纹饰：自然形　B. 造型：底尖、口大；纹饰：自然形
C. 造型：底平、口小；纹饰：鱼纹形　D. 造型：底尖、口大；纹饰：旋涡纹

2. 陶器与瓷器的不同特点,区别包括(D)

① 烧成温度　② 坚硬程度　③ 使用原料　④ 透明度　⑤ 釉料　⑥ 敲击声

A. ①③⑤；　　B. ②④⑥；　　C. ①②④　　D. 六个选项都是

3. 唐朝烧造成的青瓷和白瓷分别属于(A)

A. 南方越窑、北方邢窑　　　　B. 南方越窑、北方哥窑
C. 南方邢窑、北方哥窑　　　　D. 北方越窑、南方邢窑

模块二　秦唐时期的陶瓷艺术品

学习目标

通过本模块学习,了解有艺术感染力的秦兵马俑、能反映唐代多彩生活的唐三彩以及唐朝贡品秘色瓷,从具象的艺术品中感受有时代特征的文化,提高审美能力,提升艺术鉴赏能力。

1. 有艺术感染力的秦兵马俑

秦始皇兵马俑,简称秦兵马俑或秦俑,是古代墓葬雕塑的一个类别。古代实行人殉,奴隶是奴隶主生前的附属品,奴隶主死后奴隶要作为殉葬品为奴隶主陪葬。兵马俑即制成兵马(战车、战马、士兵)形状的殉葬品。

1.1 文物鉴赏

【场景：显示在秦兵马俑博物馆内】

小布：这里好多兵马俑，好壮观啊！

小布：多多，来！给我和兵马俑合个影。

（显示小布做着怪异的造型，咔嚓一下，拍出一张照片）

小布：秦始皇太厉害了，看看这些秦俑，简直跟真人一模一样。

多多：是呀，这些陶俑和陶马的形体和真人真马都是等同的。

旁白：兵马俑的塑造，基本上以现实生活为基础，每个陶俑的装束、神态都不一样，所有的秦俑面容中都流露出秦人独有的威严与从容，具有鲜明的个性和强烈的时代特征。

现在就让我们来认识这些兵马俑吧！

（画面出现如下几种兵马俑，可以点击进入介绍动画。）

 将军俑	将军俑，身材魁梧，头戴金冠，身披铠甲，手握宝剑，昂首挺胸，站在队伍前列，像是在指挥身后的军吏和士兵行进，那神态自若的样子，就像久经沙场、身负重任的高级将领。
 武士俑	武士俑，体格健壮，体态匀称。身上穿着战袍，套着铠甲，脚上蹬着前端向上翘起的战靴，头发一律挽成了偏向左侧的发髻。它们有的握着铜戈，有的擎着利剑，有的拿着盾牌。个个目光炯炯，双唇紧闭，神态严峻，好像一场大战就在眼前。

续　表

 骑兵俑	骑兵俑,上身着短甲,下身着紧口裤,足蹬长统马靴,右手执缰绳,左手持弓箭,随时准备上马冲杀。
 车兵俑	车兵俑,则分为驭手和军士,驭手居中而立,驾驭着战车,军士分列在战车两侧,保护着驭手。
 弓弩手	弓弩手,个个张弓搭箭,两眼盯着前方,或立,或跪,随时准备将利箭射出去。
 马俑	马俑,与真马一般大小,一匹匹形体健壮,肌肉丰满。那跃跃欲试的样子,好像一声令下,就会撒开四蹄,腾空而起,踏上征程。

小布：这些兵马俑实好像每个长得都不一样。

多多：他们可不仅长得不一样，我听说兵马俑在烧成出窑后，每件都有着绘彩。

小布：绘彩？兵马俑不都是灰白的，没有颜色呀？

多多：兵马俑坑出土的陶俑都是彩色的，有鲜艳和谐的彩绘，但出土时彩色大部分已经脱落，而局部保留着颜色的陶俑，出土后由于氧化，颜色也消尽，化作白灰。

小布：哇哦，如果这些兵马俑都是彩色的，那将多么生动、威武，整个场景将是多么气势恢宏。

1.2 实物资料

（该段作为阅读材料，配以图文显示出来）

旁白：兵马俑规模宏大，规划整齐，给人以威严肃穆的压抑感。已发掘的三个俑坑，总面积达19 120平方米，足有50多个篮球场那么大，坑内有兵马俑近8 000个。

旁白：在三个俑坑中，一号坑最大，东西长230米，南北宽62米，总面积有14 260平方米。坑里的兵马俑也最多，共有6 000个左右。一号坑上面，现在已盖起了一座巨大的拱形大厅。走进大厅，人们无不为兵马俑的恢宏气势和高超的制作工艺所折服。站在高处鸟瞰，坑里的兵俑、马俑相间，一行行，一列列，十分整齐，排成了一个巨大的长方形军阵，看上去真像是秦始皇当年统率的一支南征北战、所向披靡的大军。

1.3 价值评鉴

旁白:秦始皇陵及兵马俑坑于1987年列入《世界遗产名录》,并被誉为"世界第八大奇迹"。先后已有200多位国家领导人参观访问,成为中国古代辉煌文明的一张金字名片。

(画面出现几个名人(卡通版),点击这些人物出现对应的动画和对白)

中共中央总书记江泽民:充分利用地下出土文物这份珍贵的文化遗产,大力弘扬中华民族缔造文明自强不息的爱国精神。

法国前总理希拉克：世界上有七大奇迹，秦俑的发现，可以说是第八大奇迹了。不看金字塔不算真正到过埃及，不看秦俑不能算真正到过中国。

美国前国务卿基辛格：世界上独一无二的秦代兵马俑，给我留下了深刻的印象。

2．反映唐代多彩生活的唐三彩

大唐帝国是中国封建社会的鼎盛时期，经济上繁荣兴盛，文化艺术上群芳争艳，唐三彩就是这一时期产生的一种彩陶工艺品。

2.1 文物鉴赏

【场景：小布家里，小布的爸爸正在用毛巾擦他收藏的唐三彩】

小布：老爸，又在擦你的这匹陶马了啊！

爸爸：都说了，这是唐三彩，是宝贝！

小布：知道，知道，唐三彩嘛。全名唐代三彩釉陶器，是盛行于唐代的一种低温釉陶器，釉彩有黄、绿、白、褐、蓝、黑等色，而以黄、绿、白三色为主，人们习惯称之为"唐三彩"，因唐三彩最早、最多出土于洛阳，亦有"洛阳唐三彩"之称。

小布：你天天唠叨，耳朵都起茧子啦。

小布：不过，你确定你的这个是宝贝，而不是赝品？

爸爸：绝对真品！

（动画显示爸爸抓狂地把抹布砸向小布，小布的脸被抹布罩住了）

旁白：大家认识什么是唐三彩了吗？一起去看看这些宝贝吧！

三彩胡人牵骆驼俑（现藏故宫博物院）

三彩骆驼载乐俑（现藏于陕西历史博物馆）

续 表

唐三彩文官俑 （陕西省干县章怀太子墓出土）	唐朝彩绘釉陶文官俑 （陕西省礼泉县郑仁泰墓出土）

旁白：史籍中关于唐三彩的记载很少，所以被人们遗忘了一千多年。直到在一个唐朝墓葬，发现了大量唐三彩随葬品。

旁白：常见的出土唐三彩陶器有三彩马、骆驼、仕女、乐伎俑、枕头等。

（唐三彩 三彩马）　　（唐三彩 骆驼）　　（唐三彩 仕女）

（唐三彩 乐伎俑）　　（唐三彩 枕头）

旁白：唐三彩不仅釉色浓艳瑰丽，而且骆驼、马和人物等的造型生动传神，富有生活气息。

2.2 艺术价值

小布：老爸，你说唐朝人为什么兴做唐三彩？

爸爸：咳咳，这你就问对人了。

爸爸：唐三彩在唐朝是作为一种冥器，那时国力强盛、百业俱兴，从官员到民众形成了一种厚葬之风，这也是唐三彩能盛行的一个原因。还有当时成熟的陶瓷技术和文化背景奠定了唐三彩的历史地位。

爸爸：唐三彩从另外一个侧面也反映了唐王朝的政治、文化、生活。

爸爸：唐三彩陶器在唐代烧造达到顶峰，创造了浓艳瑰丽的唐代艺术风格，在唐代陶瓷史上是一个划时代的里程碑。

小布：里程碑？有这么夸张吗？

爸爸：要知道在唐朝以前，只有单色釉，最多就是两色釉的并用，到了唐代，才在陶瓷器物上同时运用多彩的釉色。

爸爸：当然啦，这和唐代当时的审美观发生了很大的变化有关。在唐朝以前人们崇尚的是素色主义，到唐朝以后，它包容了各种文化，包括许多外来文化，这个时候从绘画、陶瓷、金银器的制作，形成了一个灿烂文化的特点。

互动游戏

猜一猜，下面的那些陶瓷不是唐三彩？（鼠标移到对应的图片上就变成锤子，敲击可碎裂，根据敲得对不对判断结果）

（是）

（是）　　　　　　（是）

3. 唐朝秘色瓷

秘色瓷，是越窑青瓷精品之一，中国古代越州名窑（今浙江一带）进贡朝廷的一种特制瓷器精品，因釉料配方保密，制作工艺秘而不宣得名，是唐朝、五代时期越窑青瓷中的上乘之作。

3.1　法门寺地宫秘色瓷鉴藏

（下面一段对白以动画演绎内容）

旁白：1987年4月，位于陕西省扶风县的法门寺正在进行一项古代佛塔的修复施工，忙碌的工作人员在清理塔基时，意外发现了唐代佛塔地宫，4枚至高无上的佛骨舍利和大量奇珍异宝的出土立即轰动海内外。

旁白：这时，一个消息从法门寺传出：14件精美的瓷器从地宫中出土。据地宫出土的《物账碑》记载：唐懿宗"恩赐……瓷秘色椀（碗）七口，内二口银棱，瓷秘色盘子、叠（碟）子共六枚。"经专家核实考证，它们就是消失世间千百年来世人苦苦寻觅的秘色瓷！

【场景：画面显示在小布家里，小布和爸爸正在看电视，电视播放的是上一个动画内容】

小布：老爸，秘色瓷有那么神秘吗？

爸爸：当然！在法门寺的地宫未开启之前，秘色瓷一直是现代人眼里的一个谜，人们只是从记载中知道它是皇家专用之物，它的色彩只能从唐诗"九秋风露越窑开，夺得千峰翠色来"等描写中想象。

(越窑秘色瓷八棱长颈瓶)

(鎏金银棱平脱雀鸟团花纹秘色瓷碗)

小布：那么夸张！

爸爸：你见过秘色瓷后，就会知道一点也不夸张。

小布：走！

爸爸：上哪？

小布：当然是博物馆了，我要去见识见识这传说中的秘色瓷！

（在画面中展示如下秘色瓷作品）

唐五瓣葵口浅凹底秘色瓷盘

唐五瓣葵口大凹底秘色瓷盘

唐五瓣葵口凹底斜腹秘色瓷碟

唐五瓣葵口凹底深腹秘色瓷碟

3.2 艺术特征

【场景：显示在博物馆内，小布和爸爸正站在秘色瓷的展示区里，欣赏着这些秘色瓷展品】

小布：太美了！古人居然能制作出如此精美的瓷器！

爸爸：古人的智慧不可小觑。你知道这秘色瓷最神奇的是什么吗？

小布：是不是这个！明明碟内什么都没有，但看起来就像盛了水。

爸爸：有眼光呀！秘色瓷最为神奇之处就是"无中生水"。

小布：为什么会这样？

爸爸：那是因为碟子底部近似一个"凸面镜"，对光有发散作用，以观察到的最亮处为中心，光的亮度依次沿着碟子底部表面很自然地逐层展开，直至碟子底部与腹壁相接处，使碟子内有了波光粼粼之感。

小布：原来如此！

【场景：显示另外一处，小布正趴着那看另一展柜里的秘色瓷】

小布：老爸，这个秘色瓷上好像有墨迹呢？怎么回事？

爸爸：这是侈口秘色瓷碗，它最大的特点就是碗底外壁留有清晰墨迹的唐代仕女图案。

小布：这些仕女图案是怎样留在上面的呢？

爸爸：因为秘色瓷作为佛骨舍利的供奉品放入地宫时，为了减少瓷器之间的摩擦碰磕，用了有仕女图墨迹的纸来包裹，没想到历经千年，纸张已成灰片，但纸张上的仕女图案印痕却保留下来，这不但为研究唐代绘画提供了实物资料，还为我们留下了珍贵的历史文化遗存。

小布：太神奇了！

3.3 价值评鉴

（根据下面的文字，配以对应的动画展示）

旁白：唐代越窑青瓷是当时各地青瓷之冠，秘色瓷是其中的佼佼者，越窑备受文人雅士推崇，有"类玉"、"类冰"及"千峰翠色"的赞誉。

旁白：秘色瓷器的发现在我国陶瓷史考古上具有突破性的意义，为鉴定秘色瓷的时代和特点提供了标准器，经过专家多年考证，证实了秘色瓷在胎底、胎釉和烧制工艺上与青瓷完全不同。

视频资源链接

《(子午书简)博物馆之旅——处处埋伏兵马俑》《发现秦俑》《Discovery 探索频道：中国七大奇观——秦始皇兵马俑》《影像发现丝路之美——唐三彩的复活》《[NHK 纪录片]故宫的至宝——唐三彩》《唐三彩之迷——寻踪古窑场》《投资收藏——唐三彩》《秘色瓷真相》(上、下)。

互动小测试

（显示一个拼图（缺关键小块），回答对一个问题就获得一块拼图，然后可以手动把这个拼图拼到拼图里对应的位置，要 4 题全部答对，获得所有的拼图小块才能把拼图拼完整，如有题目回答错误，最后这个拼图就不能完成）

1. 秦兵俑有士兵与军吏两大类，军吏身份级别、兵俑类别包括（ C ）

   A. 低级、中级；步兵、骑兵　　　　B. 中级、高级；骑兵、车兵

   C. 低级、中级、高级；步兵、骑兵、车兵　　D. 低级、高级；步兵、车兵

2. 低温釉陶器"唐三彩"，釉彩是以（ B ）三色为主。

   A. 绿、白、褐　　B. 黄、绿、白　　C. 白、褐、蓝　　D. 褐、蓝、黑

3. 出土的唐三彩陶器动物造型最多的是（ A ）

   A. 三彩马、骆驼　　B. 骆驼、大象　　C. 三彩马、大象　　D. 骆驼、驴

4. 秘色瓷是（ A ）烧造的贡瓷？

   A. 越窑　　B. 官窑　　C. 定窑　　D. 哥窑

模块三　宋元时期的陶瓷艺术品

学习目标

通过本模块的学习,了解宋代"五大名窑"瓷和元青花瓷;见识独特而丰富的陶瓷文化资源;体验和感悟陶瓷器的艺术魅力,提高探究兴趣,激发对中国传统优秀文化的崇敬之情。

1. 宋五大名窑瓷

宋代五大名窑之说,始见于明代皇室收藏目录《宣德鼎彝谱》:"内库所藏柴、汝、官、哥、钧、定名窑器皿,款式典雅者,写图进呈。"由于柴窑至今未发现窑址,又无实物,因此通常将钧窑列入,与汝、官、哥、定并称为宋代五大名窑。五大名窑瓷器声名远播、冠绝古今,它的传世品极少,被视为稀世之珍。

1.1 汝窑

【小布和爸爸来到景德镇,在一个窑不远处,窑工正把陶瓷胚体搬到窑内烧制,窑外面不远处晾着很多陶瓷胚体】

小布:这是马上要烧窑了吗?

爸爸:是啊,这里可还有我做的一件陶瓷呢!

小布:爸,我听说景德镇这里,千年窑火不断,是这样吗?

爸爸:的确,景德镇自五代时期就开始生产瓷器,至今已有千年历史。现在仍有很多老窑在继续烧。

爸爸:不过说起窑,还是以宋代五大窑著名,五大名窑的到来开启了真正意义上的瓷器时代!

小布:宋代五大窑?是哪些啊?

爸爸:它们分别是汝窑、官窑、哥窑、钧窑、定窑。

(在画面中显示出5个窑的图文,通过点击的方式,播放对应的动画)

旁白:汝窑是北宋徽宗朝的官窑,以天青釉色著称于世,是五大名窑之首。

旁白:汝窑以青瓷为主,这跟宋徽宗赵佶崇奉道教有关,道教以"静为依归",崇尚自然质朴的审美情趣,而青色的幽玄静谧正合此种审美情趣。

旁白："釉色天青色"、"蟹爪纹"、"香灰色胎"、"芝麻挣钉"等是鉴别汝窑的重要依据。其中，"蟹爪纹"是指釉面开片的纹理毛毛扎扎；"芝麻挣钉"则是因烧造时足部用很小的支钉支起瓷器，瓷器烧好后，底部釉面会有几个点。

旁白：汝窑瓷胎体一般较薄，釉层较厚，有玉石般的质感，釉面有很细的开片，而在造型上则比较庄重大方。其工艺精湛，非常珍贵。

（下方的内容，通过宝贝展示，点击了解对应陶瓷的内容）

 宋汝窑天青釉碗（现藏北京故宫博物院）	造型规整，胎质细腻，釉色如湖水映出的青天，堪称精美的稀世珍品。
 北宋汝窑青瓷无纹水仙盆 （现藏台北故宫博物院）	全器釉面纯洁无纹片，其温润素雅的色泽，正是宋人所欲追求如雨过天晴的宁静开朗的美感，据考证为传世仅存的一件。

1.2 官窑

旁白：宋代官窑瓷器主要是素面，最多使用凹凸直棱和弦纹为饰，釉面纹片鄹鄹，愈显高洁古雅，釉色以粉青为主，釉面开片因釉与胎的收缩率不一致，冷却时形成一种釉裂胎不裂的现象，古代工匠巧妙地利用错落有致的开片，顺其自然，形成一种妙趣天成的装饰釉，这种装饰称为"开片"、"龟裂"。官窑的开片主要为大片纹。

旁白：官窑的器形除常见的盘、碟、洗等之外,仿商、周、秦、汉古铜器中的各式瓶、炉样式也很多。

(下方的内容,通过宝贝展示,点击了解对应陶瓷的内容)

 宋官窑青釉弦纹瓶 (现藏北京故宫博物院)	此瓶仿汉代铜器式样,线条简洁雅致,凸起的弦纹改变了造型的单调感,增强了器物的装饰性。釉色给人以凝厚深沉的玉质美感,是宋代官窑瓷器的代表作品。
 宋官窑青釉圆洗 (现藏北京故宫博物院)	釉色及片纹突出,在釉层较薄的器口或未被釉层遮盖的器底部分,形成"紫口铁足",使器物愈显古朴庄重。

1.3 哥窑

旁白：哥窑属民窑,与官窑类同,有紫口铁足、开片,不过至今窑址不明。

旁白：哥窑将"开片"的美发挥到了极致,产生了"金丝铁线"这一哥窑的典型特征。哥瓷釉面由细小裂纹所形成的纹片,大小有别,裂纹颜色不一样,大片纹呈现黑铁色,称"铁线",小片纹呈现黄色故称之为"金丝铁线"。"金丝铁线"使平静的釉面产生韵律美。

(下方的内容,通过宝贝展示,点击了解对应陶瓷的内容)

 宋哥窑青釉贯耳瓶 （现藏北京故宫博物馆院）	此瓶在造型上摹仿西周青铜礼器。口耳相连的曲线增加了口部力度，与扁圆形腹部上下呼应，构成视觉上的均衡，给人以稳重之感。通身细碎开片，静穆、优美。
 宋哥窑青釉海棠式花盆 （现藏北京故宫博物院）	花盆里外施灰青色釉，足底边无釉，呈黑色。釉面开片，外壁釉面开片较大，为冰裂纹，盆内釉面则开细碎片纹，称鱼子纹。片纹纵横交织，有较强的艺术魅力。

1.4 钧窑

旁白： 钧窑属于青瓷，但它不是以青色为主的瓷器，钧窑的颜色还有玫瑰紫、天蓝、月白等多种色彩，专家指出，"钧红"的烧制成功则开创了一个新境界。

旁白： 钧窑典型特征就是"蚯蚓走泥纹"，它的形成是因钧瓷的釉厚且黏稠，所以在冷却的时候，有些介于开片和非开片之间的被釉填平的地方，会形成像雨过天晴以后，蚯蚓在湿地爬过的痕迹。

（下方的内容，通过宝贝展示，点击了解对应陶瓷的内容）

 宋钧窑玫瑰紫釉海棠式花盆托 （现藏北京故宫博物院）	盆内壁施月白色釉，外壁施玫瑰紫色釉，釉层厚润，上有"蚯蚓走泥纹"。此花盆托胎体厚重坚硬，造型美观实用，其釉面莹润匀净，月白色幽柔典雅，玫瑰紫色绚美艳丽。
 宋钧窑月白釉出戟尊 （现藏上海博物馆）	此尊仿古铜器式样，胎体厚重，胎质坚密；尊内外施月白色釉，釉色匀净，乳光晶莹，肥厚玉润。器身有的部位色釉呈现不规则的流动状线条，似一条蚯蚓在泥土中游走，后人称之为"蚯蚓走泥纹"，是钧釉的独有特色。

1.5 定窑

旁白：定窑属民窑，以产白瓷闻名。定窑瓷器的烧造主要采用覆烧法，就是将器皿反扣着焙烧，因此口沿无釉，露出瓷胎，这种现象谓之"芒口"。为避免"芒口"这种缺陷，有时使用金、银、铜等镶嵌器口。

旁白：定窑白瓷在色调上属于暖白色，细薄润滑的釉面白中微闪黄，给人以温润恬静的美感；其中还运用了印花、刻花、划花等装饰技法，将白瓷从素白装饰推向一个新阶段。元朝文人刘祁在《归潜志》中曾撰文赞扬定窑的精美，称"定州花瓷瓯，颜色天下白"。

（下方的内容，通过宝贝展示，点击了解对应陶瓷的内容）

 宋定窑白釉孩儿枕 （现藏于北京故宫博物院）	枕是睡觉时垫首用具，在中国古代，人们喜欢使用玉枕、瓷枕，这是由于玉、瓷可以爽身怡神，甚至有"明目益睛，至老可读细书"的作用。瓷枕始创于隋代，盛行于唐、宋、元各代。此件孩儿枕塑制精美，人物形态活泼、悠然，是中国古代瓷器中的珍贵制品。
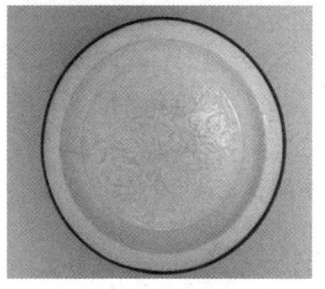 宋定窑白釉刻花牡丹纹盘 （现藏北京故宫博物院）	此作品所刻主题花卉枝干矫健，花朵丰满，配在温润晶莹的白色釉面上典雅优美，是定窑刻花白瓷的代表作品。

小布：宋代为什么出现了这么多名窑啊？

爸爸：因为宋代向来以礼仪之邦著称，礼尚往来之传统沿续几千年，陶冶了华夏古国万千巧夺天工的奇珍异宝。陶瓷，集天地之灵秀愈见精美，成为礼器的主流，礼送陶瓷，已成为千百年来人们的习俗，陶瓷所承载的礼品文化也随之源远流长，发扬光大。

小布：原来如此！难怪你喜爱别人送陶瓷给你！

（爸爸听到小布这么说，满头黑线）

爸爸：我那只是爱好！

互动游戏

仔细看一看，下面这些瓷器分别是出自哪个名窑？

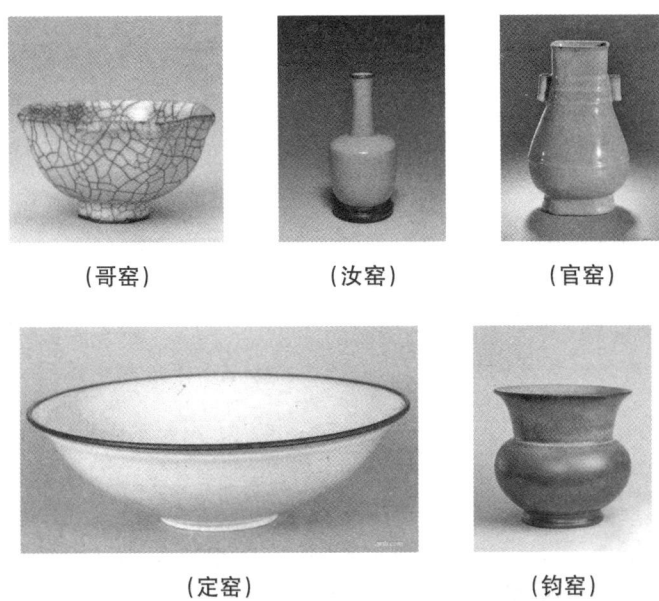

（哥窑）　　　　（汝窑）　　　　（官窑）

（定窑）　　　　　　（钧窑）

2. 元青花瓷

青花瓷始创于唐代,元代景德镇的青花瓷标志其制作工艺发展日臻成熟,业界简称为"元青花"。真正代表青花瓷最高成就的是清代康熙年间官窑出产的"五彩青花"。

2.1　繁荣的元青花

【背景显示在景德镇,出窑后的青花瓷,一排排的陈放着,爸爸拿着一个他做的仿元代青花瓷】

爸爸: 看!我做的这个仿元青花罐,怎么样?

（元青花云龙纹大罐）

小布：太漂亮，看起来跟真品一样呢！我发现我最爱的还是青花瓷。

爸爸：这么喜欢，那你知道青花瓷在哪个朝代比较兴盛吗？

小布：青花瓷生产于唐代，兴盛于元代。

爸爸：不错，那你知道元代青花瓷有什么特点吗？

小布：这……这……

爸爸：不知道了吧！

爸爸：元青花大改传统瓷器含蓄内敛的风格，以鲜明的视觉效果，给人以简明的快感；以其大气豪迈气概和艺术原创精神，将青花绘画艺术推向顶峰，确立了后世青花瓷的繁荣与长久不衰。

（元青花缠枝牡丹纹罐）

（元青花花卉纹鼎）

2.2 艺术特征

小布：我记得元青花瓷好像大多都是大罐、大瓶、大盘、大碗等。

爸爸：没错，这也是元青花独具的特色。

爸爸：元青花制作工艺上出现了胎体厚重的巨大形体，主要分为分罐类、壶类、碗类、盘类。

爸爸：不过，元青花瓷器除了有恢宏雄伟的大器，也有秀美灵巧的小器，不论何种器型均形态优美，古朴端庄。青花瓷上蓝色的花纹与洁白的胎体交相映衬，宛若一幅传统的水墨画。

第四章 超越课堂的人文探索

（元青花人物图罐）

（元代景德镇窑青花瓷）

（元青花瓷火麒麟纹盘）

（元青花人物海水绿釉玉胎碗）

小布：为什么元代人喜欢给瓷器描上青花？

爸爸：因为青色是古时人们喜欢的颜色之一，青花瓷也有一系列"隐喻"之意。古时的读书人希望"青出于蓝而胜于蓝"，走上仕途后便有"青云直上"的愿望，渴望做一个人民爱戴的"青天"，甚至在卸甲归田之后，还希望能够"名垂青史"，"留取丹心照汗青"。"青"在当时士人心中的分量可见一斑。

【场景：小布注意到爸爸做的仿青花瓷上的纹饰】

小布：爸，你这个仿元青花瓷上，是什么纹饰啊？看起来挺霸气的！

爸爸：这个是龙纹题材的青花瓷。

旁白：元青花的装饰题材一般有麒麟纹、龙纹、人物故事纹、动植物纹等。元青花装饰除了主题纹饰特点鲜明之外，许多辅助纹样也有着独特的时代风格，其中以变形莲瓣纹和云肩纹最为突出，青花与刻花、印花、瓷塑、浅浮雕等多种技法相结合，绘画充

221

分发挥蓝白的艺术效果,有白底青花、蓝底白花或青花线描为底等几种风格。

（青花缠枝莲纹大碗）

（元青花龙纹梅瓶）

（下方的内容,通过宝贝展示,点击了解对应陶瓷的内容）

 元青花人物故事玉壶春瓶 （收藏于湖南省博物馆）	此瓶造型优美,腹部主纹是蒙恬将军的故事,人物的服饰具有元代风格,中间头戴凤尾高冠、身着甲袍的武将是蒙恬,后立武士双手握"蒙恬将军"的大旗,前一武士抓一跪着俘虏,另一武士似作汇报,人物间点缀以怪石、篱笆、芭蕉、竹叶、花草等,画面繁而不乱。
 元青花四爱图梅瓶 （收藏于武汉博物馆）	梅瓶属于青花瓷的一种,该青花陪衬的景物结合主题,四组画面情景交融,造型秀美,线条流畅,色泽浓艳,可谓元代青花瓷中极罕见的精品。

续 表

 元青花缠枝牡丹纹罐 （收藏于北京故宫博物馆）	罐内外施白釉，外壁以青花为饰，整个青花罐造型饱满、庄重，青花色调明艳，呈宝石蓝色而带黑色斑点，表明使用的是外来青料，画笔流畅，构图繁而不乱，每层纹饰之间因有弦纹相隔，既突出了主题图案，又增加了画面的层次感。

2.3 价值评鉴

小布：老爸，我听说元青花是中国陶瓷史上的一朵奇葩，为什么这么说？

爸爸：这是因为它有两"奇"。

旁白：元青花瓷器在我国历史上，曾作为中华传统文化的传播者，大量销往海外的中东地区，它的器型以大件为主，多数收藏在伊朗、土耳其博物馆的元青花大器富丽雄浑、画风豪放，绘画层次繁多，与中华民族传统的审美情趣大相径庭，这是一奇。

旁白：元青花另一奇是"纹饰繁密"，繁而有序、层次清晰。元代的画工在青花瓷上真是费尽心思。假如把一件元青花大盘上遍布的装饰花纹拿下来，重新组装后再贴上去，肯定做不到那么恰到好处。

小布：这么说来，元青花还真的是奇葩！不管把是那么大的瓷器运到国外，还是在瓷器上绘上繁密纹饰，都不是容易的事，元代人是怎么做到？

爸爸：这我就不清楚了！由于史籍缺载，又缺乏有明确纪年的实物佐证，600多年间，世人对元青花的认识与了解一片空白。

小布：不会吧！

爸爸：现在大家还对元青花存在很多疑问。如，中国到底有没有元青花？它的艺术特征是什么？元代为什么会出现器型高达70厘米的葫芦瓶、口径达50厘米的大盘？为什么元青花装饰多达9层？中国古代外销的那些被誉为"世界上最精美的元青花"瓷器，何以跋山涉水、纷纷在异国王宫安家落户……

（元青花缠枝花卉纹葫芦瓶）

（元青花大盘）

爸爸：当然了，这些都不重要！只要静静地欣赏它的美就好了！如果我能收藏到一件元青花瓷真品，人生就完美了！

（爸爸痴痴的看着展柜里的青花瓷）

小布：你不是说你想收藏清青花吗？

爸爸：能收藏件元青花也是不错滴，都是我的爱呀！

（小布满头黑线）

视频资源链接

《宋代五大名窑——汝窑传奇》《宋元明清精品瓷器》《国宝档案——宋代外销瓷》《中国古玩——宋·汝窑器》《中国古玩——宋·定窑器》《中国古玩——宋·钧窑器》《中国古玩——宋·哥窑器》《中国古玩——宋·官窑器》《青花的记忆（上）——博物馆探究之瓷器系列》《青花的记忆（下）——博物馆探究之瓷器系列》《国宝档案——元青花瓷器》《伊朗博物馆收藏的元青花瓷器》《万里探青花》（上、下）。

互动小测试

（以小布爸爸想获得收藏品为主线，根据题目设计闯关，每个题目对应一个陶瓷艺术品，回答对了，爸爸就可以收藏这件陶瓷艺术品，回答错误，就收藏不到这件陶瓷，最

后根据回答所有的题目,爸爸给予不同的动画效果)

1. 宋代五大名窑瓷釉面开片的纹理毛毛扎扎,称"蟹爪纹"的是(A)
A. 汝窑　　　　B. 哥窑　　　　C. 官窑　　　　D. 钧窑
2. 元青花瓷造型分恢宏雄伟、秀美灵巧两大类,包括(A)
A. 大器　小器　B. 大罐　小罐　C. 大盘　小盘　D. 大瓶　小瓶
3. 宋代五大名窑瓷中,生产白瓷的是哪个窑?(B)
A. 汝窑　　　　B. 定窑　　　　C. 官窑　　　　D. 钧窑

模块四　陶瓷与生活

学习目标

了解几种陶瓷器的鉴定方法,体会陶瓷在现代生活的应用,通过了解和参与陶瓷的制作,感受现在陶瓷艺术的魅力。

1. 评鉴收藏

中国陶瓷,历史悠久,品种繁多,是我国历代文化的结晶,千百年来所制仿古瓷器几乎是到处可见。要鉴定一件陶瓷古董的真假,要对中国几千年各地陶瓷的生产有所了解,才能做出准确的判断。

1.1　评鉴藏品

探究活动

怎么看待这些在收藏品市场上的艺术品本身所承载的历史文化价值、科技工艺价值和美学艺术价值呢?

看宝物竞猜

旁白:同学们,不管是从博物馆还是从其他途径,大家应该都见过和了解一些古陶瓷的意义和价值。现在请你来给宝物断定年代。

（唐代）　　　　（宋代）　　　　（宋代）

（元代）　　　　（秦代）　　　　（唐代）

1.2　瓷器鉴定方法

【场景：显示小布的家里，小布站在爸爸书房的收藏架子旁，架子上放有一些收藏的瓷器】

小布： 爸，你这么多的收藏品，你确定它们都是真的吗？

爸爸： 以我混进收藏界的多年的经验，鉴定它们都是真品！

小布： 你都是怎样鉴定的？

爸爸： 鉴定古瓷器主要从款识、造型、纹饰和胎釉特征方面鉴定。

（画面中出现这 4 个方面的图标，通过点击的方式，逐个查看鉴定方法）

1.2.1　根据款识确定瓷器的新旧和真伪

现在的传世品和仿品以明、清两代瓷器居多，而明、清官窑绝大部分都有年款和特征。在识别真伪古瓷时,首先应注意款识,注意款识的笔法、字体、结构和款色等各方面。

如明朝字体多用楷书款,清代顺治、康熙两朝也是楷书盛行期,嘉庆以后篆书款成为主流,清末又恢复以楷书款为主的趋势。

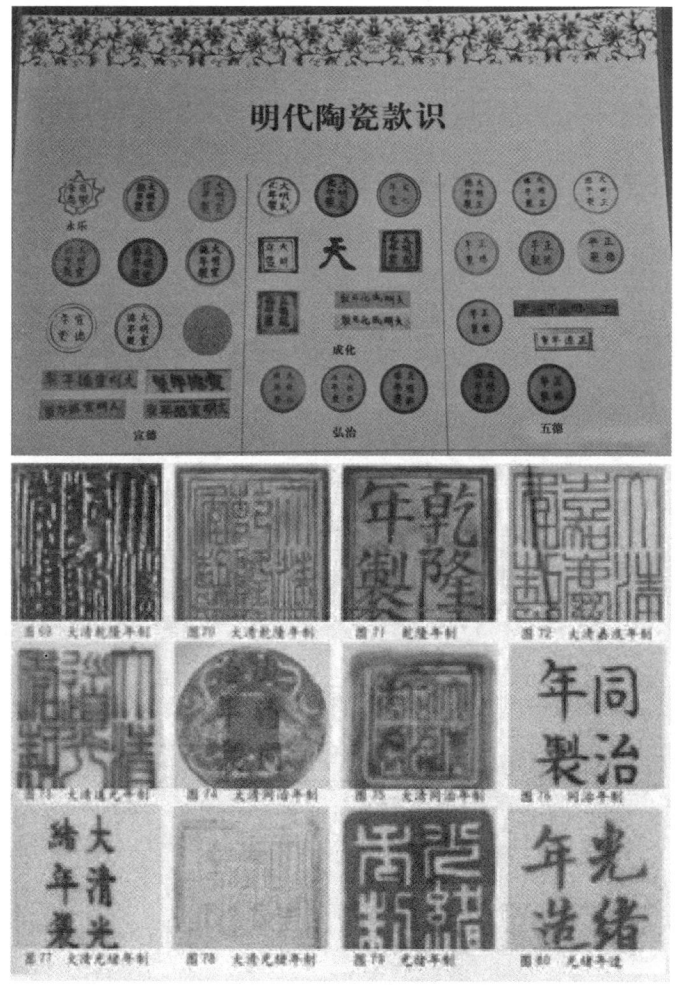

(明代款识和清代款识)

1.2.2 根据造型鉴定瓷器

观察器形要对历代造型有一个基本的了解。陶瓷器的形状,与当时人们的生活习惯、审美标准以及技术条件有密切关系,能较好地体现各时代的特色。

例如传世的元青花与釉里红是由于胎体厚,烧制不容易,难免有翘棱、夹扁、凹心、凸底等缺陷,因而很多文献都有元瓷粗率之说。

1.2.3 根据纹饰和色彩鉴定瓷器

陶瓷器上的纹饰同造型一样具有鲜明的时代特征,瓷器纹饰的发展经历了由简到繁,由划印、贴刻到雕剔、描绘,由单纯一色到绚丽多彩的过程。

比如元代瓷器的变形荷花瓣和山石花朵不填满色的画法;永、宣瓷的牵牛花与海水江牙;康熙瓷的双犄牡丹和月影梅花;乾隆瓷的万花堆和锦上添花等纹饰,这些都表示了突出的时代特征。

(元代莲花罐)

(明宣德青花牵牛花倭角瓶)

(康熙五彩双犄牡丹纹盘)

(清乾隆本金珐琅彩万花彩花瓶)

1.2.4 根据胎釉鉴别瓷器

从胎质、釉色可以看出其年代和窑口。由于时代和地区的不同,在胎釉成分和烧造方法上也有着比较明显的差别。

鉴别胎质主要是观察底足。一般来说,元代瓷器底足多露胎,胎质粗糙;明、清瓷器有款者底多挂釉,清朝中叶以后露胎者渐少。

(元代瓷器底足)

(清代瓷器底足)

1.3 传统鉴定 PK 科技鉴定

小布:这样说来,只要了解了相关信息,鉴定宝贝也不难吧!

爸爸:也可以这么说,不过,现在都采用传统鉴定与科技鉴定相结合的方法,以求更准确地鉴定器物的真伪。

小布:传统鉴定?科技鉴定?

旁白:传统鉴定,是通过采用排比类推、标型学、考证学等方法,眼观、手摸、耳听等感官手段,找出被鉴定器物在纹饰、器型、釉色、胎体、款识等方面,与"标准器物"之间的相同点和不同点,由此推论出被鉴定器物是真品还是赝品。

其优势主要表现在:快捷、方便,能够对古陶瓷的社会属性做出比较准确的判断,从而推定出被鉴定器物的生产时代、窑口及其历史价值、科学价值、艺术价值和经济价值。

旁白:科技鉴定就是利用科技手段鉴定古陶瓷,其中热释光技术就是一种提供断代鉴定的相对科学的方法。

其优势就是科技鉴定不会渗入人为的错误因素,但对古陶瓷的色釉、胎体成分进行分析,对其烧成温度、烧制氛围进行测试,大都会对古陶瓷器物造成损伤。

小布:原来如此!爸,根据我的判断,我觉得这件陶瓷是赝品,不是古陶瓷!

(小布指着眼前放的一个现代陶瓷说道)

爸爸:这是现代陶瓷,艺术陶瓷,这个是我亲手做的!懂不懂欣赏啊!

(小布无语滴汗)

2. 陶瓷在生活中的应用

从古至今,中国传统文化博大精深,内容涵盖到社会的各个领域,而陶瓷作为中国传统文化最具代表性的产物,在当代社会已巧妙地融入到生活各方面,不管是装饰还是实用方面,它都有着重要的地位。

旁白:在我们生活中有很多常见常用的陶瓷,它们品种繁多,按照用途大致可把陶瓷分为:日用陶瓷、艺术陶瓷、工业陶瓷。

(这三种陶瓷,分别以点击的方式查看动画方式,学习相关内容)

2.1 日用陶瓷

日用陶瓷的产生可以说是因为人们对日常生活的需求而产生的,日常生活中人们接触最多,也是最熟悉的瓷器,如餐具、茶具、咖啡具、酒具、饭具等。

2.2 艺术陶瓷

陶瓷是人类文明史上最早出现的一种艺术形态,艺术陶瓷以其精巧的装饰美、梦幻的意境美、陶艺的个性美、独特的材质美,受到了人们的喜爱。现代生活中,常见的艺术陶瓷有:花瓶、雕塑品、陈设品等。

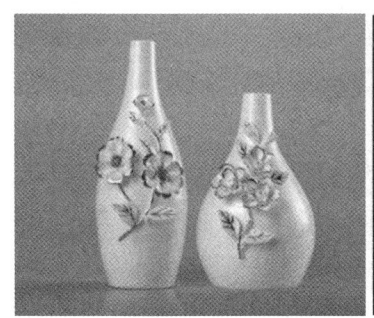  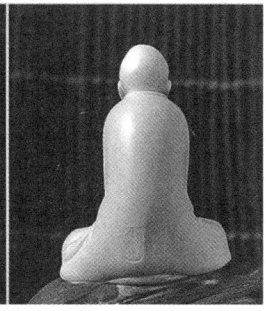

2.3 工业陶瓷

工业陶瓷,指应用于各种工业的陶瓷制品。如:外墙砖,马桶、电瓷、耐火材料等都是工业陶瓷。

互动游戏

下面这些陶瓷分别属于哪一类陶瓷呢？

（艺术陶瓷）

（日用陶瓷）

（工业陶瓷）

3. 手工泥趣

陶瓷艺术是一门综合艺术，经历了一个复杂而漫长的文化积淀历程。它与绘画、雕塑、设计，以及其他工艺美术等有着无法割舍的传承与比照关系。

3.1　现代陶艺

【背景：继续显示在上一场景】

小布：这么漂亮的瓷器，真的是你做的？

爸爸：当然！这件作品，完全诠释了我想表达的思想情感。

小布：这么夸张！

爸爸：这就是现代陶艺的魅力。

旁白：现代陶艺是艺术家以陶瓷材料为创作媒介，以个性化的手法表现现代人的理想、个性、情感、心理、意识以及审美等哲学理念的一种艺术形式。现代陶艺所要挖掘的不只是客观世界，而是人的内心世界和社会意识。

现代陶艺一般意义上分为：观念陶艺、生活陶艺、环境陶艺。

观念陶艺。以展现艺术观念为主要内容。

生活陶艺。是以提高生活环境品味增加艺术情调，展现个人审美观点的现代陶艺，装点着人们的生活环境,提高生活质量。如餐饮器具、灯具、花器以及观赏类陈设用陶艺作品。

环境陶艺主要是指在城市规划区域范围内的广场、公园、绿地、道路、风景名胜区、居住区、公共建筑物及其他活动场地设立的陶艺。

3.2 制作工艺

陶艺作品的价值,不在于其造价,而在于其制作的技巧,技巧是陶艺创作的生命,作为一门历史悠久、内涵丰富的艺术创作,它的制作技法有很多种,如拉坯成型法、泥条盘筑成型法、捏塑成型法、泥板成型法、泥塑成型法等。

(拉坯成型法)

(泥条盘筑成型法)

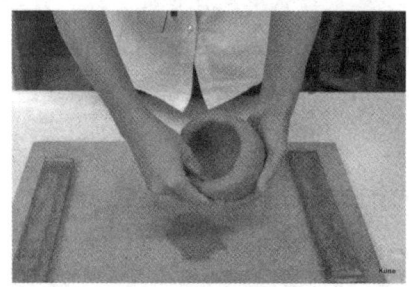
(捏塑成型法)

(泥板成型法)

(泥塑成型法)

拉坯成型法：是利用拉坯机，将泥料拉伸成型。

泥条盘筑成型法：将泥搓制成条状，根据造型的要求，一层层叠加向上盘筑，最后成型。

捏塑成型法：直接用手把泥团捏成想要的造型。

泥板成型法：就是将泥块经过人工或压泥机滚压成泥板，然后用这些泥板来进行塑造。

泥塑成型法：利用泥塑的方法进行陶艺成型。

小布：这样看来，做陶瓷也不难，我也要做一个属于自己的作品！

【制作陶艺小花盆】

步骤：

① 先做一个花盆底部，拍一个圆形的泥板，0.8 cm 厚度左右，然后中间钻一个洞，可以出水。

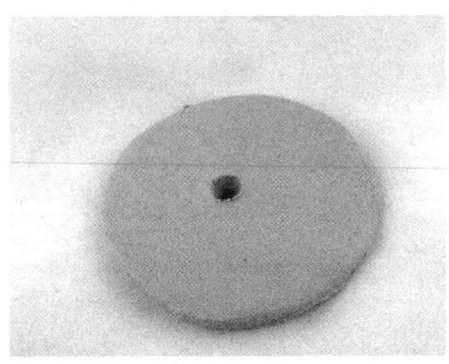

② 做瓶身，搓很多泥条，泥条不能太干，不然会开裂，粗细要均匀。

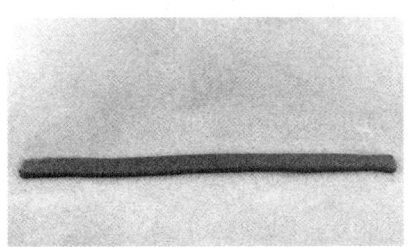

③ 把搓好的泥条并列,用泥浆粘牢,把两边切平整。

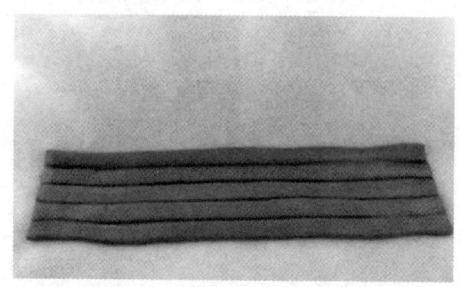

④ 把泥条弯曲,接缝的地方用泥浆粘牢,然后放在圆形泥板上,衔接地方用泥浆粘牢。

⑤ 最后做些装饰即可,待作品晾干后烧制。

⑥ 最后烧制成型。

互动实践

小布：同学们，你们会做陶艺小花瓶了吗？也尝试自己做一个吧！

视频资源链接

《美的沉思：中国史前陶器的造型与纹样》《古代陶器纹样》《陶器花纹绘制过程》《中华绝技——唐三彩制作技艺》《中华绝技——陶器造型》《中华陶瓷之美——古陶器制作》《陶器坊制作陶器》。

注：本课程于2016年入选上海市中小学专题教育网络课程，经过专家审查已经发布于上海市中小学专题教育网；汇编进2017年11月上海市电化教育馆编的《为增加学生网络学习经历奠基——上海市中小学专题教育网络课程设计案例汇编(二)》，第291—327页，由上海教育音像出版社发行；2019年12月获得上海市教育委员会基础教育资源中心颁发的上海市中小学专题教育网络课程建设"最受欢迎课程"。

教学案例

11. 专题网络课程"城市记忆——跨越百年的上海建筑"方案

课程背景

建筑作为人类文化最具表现力的构成，其在一定程度上表现了不同时代，不同区域人们的价值取向。上海百年的建筑，留存着这座城市的记忆。通过探寻上海近代百年建筑的变迁，感受岁月的沧桑变幻，体会上海近代社会和城市的演变历程。

国务院副总理韩正在中共上海市第十一次代表大会的开幕式上指出，上海要建设成"建筑是可阅读的，街区是适合漫步的，城市始终是有温度"的现代化都市。自《上海市历史文化风貌区和优秀历史建筑保护条例》颁布以来，上海市政府始终致力于做好历史建筑、历史风貌的保护工作。

2017年，教育部印发了《中小学综合实践活动课程指导纲要》，为了契合此纲要的精神，静教院附校的趣谱 trip 课程，提倡主题学习、跨学科学习、实践学习和探究学习的理念，全面转变教学方式，组织撰写了《城市与建筑》课程教材。

上海海派建筑具有多样、包容和创新的特点，这些建筑都是上海物化的记忆，也是重要的教育资源，通过开发本土资源，拓宽学生获取信息的渠道，引起学生对优秀历史建筑物的兴趣，激发他们挖掘背后所蕴藏的历史涵义，增强他们对优秀历史建筑的保护意识。

把趣谱 trip 课程转化成网络课程，可以给予学生更多自主开放的学习空间，让学生走出校园，走进社会，通过网络模拟实地考察的学习方法，在更广阔的网络环境中探究与学习。本课程致力于从文化历史的角度阐释上海百年建筑，从而展现上海近代城市发展的历程。本课程共分为四个模块，模块一描述上海的古塔佛寺等传统建筑，带领学生体会上海建筑中的"老味道"；模块二讲述上海从外滩两岸景观到南京路商业街以及宗教教堂等这些"舶来品"建筑的历史和发展；模块三主要展示上海近代中西融合的文化元素，"洋泾浜"是对上海式英语的形容，这样土洋结合的语言成为了上海的特色，而以中西合璧为主要特色的上海近代民居就是建筑中的"洋泾浜"；模块四通过对名人故居的踏访，挖掘其中的历史教育资源，增强对上海优秀历史建筑的保护意识，实现心理体验、情感震撼、内心选择和精神升华，使人文精神内化，提升人文素养。

模块主要内容

模块一 上海建筑中的"老味道"

学习目标

知识与能力：

(1) 通过讲述上海老城厢的前世与今生，通晓上海县的历史与人文。

(2) 通过对上海古典园林、上海古塔佛寺的介绍，增进对江南传统园林以及古塔佛寺建筑的认知。

过程与方法：

(1) 通过动画、图片、视频等形式展现上海传统建筑。

(2) 通过自主查找资料，实地考察等形式，探究问题，解决问题。

情感与态度：

(1) 通过对上海古典园林，尤其是豫园的重点介绍和描述，感受到江南园林的独特魅力。

(2) 通过对上海古塔佛寺的历史和现状的梳理，挖掘其中丰富的历史内涵，增进对上海传统建筑古塔佛寺的欣赏感知力。

1.1 上海老城厢的前世今生

老城厢是上海历史的发祥地。通过动画、图片、视频等展示城隍庙、文庙等建筑的上海传统风情,诉说上海城镇的昨天和今天,使学生了解上海县的历史与人文。

【交互】让学生自主查找资料,制作一张《上海县建筑史年历表》。按照时间顺序,在地图上标出相应时期的标志建筑,让学生通过标志建筑的变化,了解上海的发展历程。

1.2 诗意地栖息——古典园林

(1) 上海古典园林群像

通过动画介绍上海的古典园林:豫园、秋霞圃、古猗园、醉白池、曲水园等,从空间分布、历史意义、美学等角度展现江南园林的独特魅力。

(2) 城市山林——豫园

重点介绍豫园。豫园既有江南园林之美,又有上海园林之奇,因其比较完整地保存了古代园林布局,有"城市山林"之誉。

年代悠久的古庭院,蕴含着丰富的文化内涵,同时也蕴藏着丰富的历史内涵,梳理并挖掘其中的意义,感受传统文化遗韵。

【交互】设置连线题,让学生把园林的图片和名字连接起来,考察学生对古典园林的认识与了解。

1.3 大隐隐于市——古塔佛寺

(1) 上海古塔佛寺的缘起与发展

通过动画简述上海老城厢的寺塔(静安寺、玉佛寺、龙华寺、西林寺)的起源与概况。从空间分布特征、建筑风格、功能特点等方面多维度地展示上海古塔佛寺的发展状况。

(2) 上海古塔佛寺的空间布局

通过动画简述上海古塔佛寺空间布局的特点:(1)院落式的建筑围合空间;(2)突出中轴线的布局;(3)以中轴线左右对称的建筑布局。

(3) 上海古塔佛寺的建筑风格

通过动画介绍上海地区的古塔佛寺的建筑风格:

第一种为清代以前的寺庙,例如初建于三国年间的青浦青龙寺,始建于南宋,全部或部分还保留了一些清代以前的遗迹或风格;第二种是清末民初到解放前这一时间区域内所建的寺庙,例如上海最为著名的玉佛寺;第三种是1979年重新落实宗教政策以后,新建的或在原有的寺庙基地重建或异地改建的寺庙,例如奉贤二严寺等。

【交互】学生自主查找资料,在上海地图上标出几个著名的古塔佛寺的所在地,并实地考察,用照相机、手机等影像记录上海古塔佛寺的气象万千。

模块二 上海建筑中的"舶来品"

学习目标

知识与能力:
(1) 通过展现上海近代建筑,认识到西方建筑文化对上海近代建筑的作用及影响。
(2) 通过对上海几个典型的宗教教堂建筑的介绍,体会当时社会中西交流的情况。

过程与方法:
(1) 通过动画、图片、视频等形式展现外滩、南京路、福州路等景观。
(2) 通过游览浦江两岸,亲身目睹两岸的建筑,感受历史和现在。

情感与态度:
通过对外滩两岸往昔与现今的对照与比较,从两岸遥相呼应的建筑中感受历史的百年沧桑,体味上海海纳百川的精神。

2.1 西学东渐——西方文化对上海近代建筑的影响

通过动画讲述西方文化对上海近代建筑的作用及影响。

2.2 外滩的往昔与现今

通过动画、照片、视频等形式讲述上海外滩老建筑的故事和各具特色的建筑式样,同时也展现出黄浦江对岸现代化的标志性建筑,古今对话,传统与现代交融,从建筑里的变化感受历史沧桑的变迁。

(1) 万国博览——浦江西岸

外滩的"万国建筑博览馆"是海派文化的重要发源地,这里的建筑融合了多种西方建筑的风格:哥特式的尖顶、古希腊式的穹窿、巴洛克式的廊柱、西班牙式的阳台,因此被称为"万国博览"。其中,著名的中国银行大楼、和平饭店、海关大楼、汇丰银行大楼等建筑经历百年沧桑,见证了上海的屈辱和荣光,走进这些建筑就是走进历史。

(2) 现代之都——浦江东岸

与黄浦江西岸的建筑风格迥异,东岸则是另一番景象:高楼鳞次栉比。金茂大厦、东方明珠、上海大剧院、上海博物馆、国际会展中心等现代标志性建筑遍布在对岸。东岸的现代与西岸的传统遥相呼应,和谐融合,体现出上海海纳百川的文化精神。

【交互】组织学生游览黄浦江两岸,用相机记录两岸的不同风光,并相互比较。

(3) 南京路的今昔景观

南京路是中国最繁华、最著名的商业街,通过南京路昔日六大百货公司的今昔对比,展现上海作为中国最著名的商业城市的特征。

2.3 宗教建筑

(1) 宗教教堂建筑

通过动画介绍上海几个典型的宗教教堂建筑:"徐家汇天主堂"和"沐恩堂"等。借助宗教教堂的载体,阐释中西文化交流的情状。

(2) 开启民智——福州路

教会为了辅助宗教传播,在上海开办学校,翻译西书,出版书报,从事一些慈善活动,客观上促进了教育的普及。福州路上的《时报》馆建筑、墨海书馆、商务印书馆等建筑成为了当时社会传播知识的重要渠道。

模块三 上海建筑中的"洋泾浜"

学习目标

知识与能力:

通过对石库门建筑的介绍,增进对上海特色民居建筑——石库门的认知和理解。

过程与方法:

(1) 通过动画、图片、视频等形式展现上海弄堂生活的百态,体现出上海百姓生活的别样风情。

(2) 通过自主查找资料、实地考察等形式,亲身感受置于建筑之中的上海百姓的日常生活,体会历史与现在、中西合璧的交融感。

情感与态度:

通过对上海中西合璧的民居建筑——石库门建筑以及上海弄堂的介绍,体会上百年城市生活的演变,感受中西文化的交融。

3.1 石库门变迁

(1) 建筑特色:中西合璧

石库门作为上海最具代表性的民居建筑,其显著特征:石库门脱胎于江南民居的住宅形式,保持了中国传统建筑以中轴线左右对称布局的特点,但在总体上采用的联排式布局来源于欧洲,外墙细部有西洋建筑的雕花图案,门上的三角形或圆弧形门头装饰也多为西式图案。

【交互】让学生们实地考察,拍摄各种石库门的照片,并制作《石库门》图片集。

(2) 上海弄堂

上海居民的共同居住空间是以弄堂为单位的,从弄堂的空间分布及弄堂生活的特点展示出上海百姓日常生活的别样风情,它如同一面镜子,折射出了上海人的生活百态和岁月变迁。

(3) 弄堂游戏

弄堂游戏是许多上海孩子童年的欢乐。重温这些游戏,唤起对往昔的追忆。

3.2 中西合璧的新式花园

以动画的形式介绍中西合璧的新式花园——"张园"的前世和今生。于1885年对外开放的"张园"既像公园,又似游乐场,为上海私家花园中的三大名园之冠。这里就是当年的"新天地",汇集了众多的娱乐场所和活动。

3.3 吴侬软语中的外来客

"老克勒、轧山河、嗲、差头、扎台型"这些沪语都是外来语,从方言的变迁感受东西方文化的交融。

【交互】猜一猜一些沪语中的"外来语"的意思,设置选择题供学生选择。

模块四　历史建筑看今朝

学习目标

知识与能力：

通过识名人访故居，知道上海的一些重要的名人故居。

过程与方法：

(1) 通过动画、图片等形式展现上海优秀的历史建筑和马路景观。

(2) 通过自主查资料、实地考察静安区优秀历史建筑的保护现状，制作调研报告。

情感与态度：

(1) 通过挖掘上海名人故居背后所蕴含的历史价值，使之成为优质的近代史教育资源，激发爱乡爱国之情。

(2) 通过对上海优秀历史建筑利用和开发模式的探索，增强对上海优秀历史建筑的保护意识，在历史建筑的经济价值与文化价值中取得平衡。

4.1　识名人访故居

以动画的形式重点介绍一些重要的名人故居，挖掘这些名人故居的历史价值。

(1) 陕西路文蕴探秘——被时间镌刻了痕迹的道路

从延安中路口的马勒别墅出发，沿着陕西路，踏访沿路上的历史文化景观。

(2) 多伦路"文化名人街"

虹口区多伦路文化名人街集中了鲁迅、瞿秋白、茅盾、郭沫若、叶圣陶等名人故居，是中国近代文化史的历史缩影。

【交互】提供一本《多伦路文化街》的护照，可以让学生集点打卡，完成访遍多伦路所有名人故居的任务。

4.2　"整容"还是"毁容"？

以静安地区为例，探究如何保护优秀历史文化建筑。重点突出优秀历史建筑的"保留"与"改造"。

【交互】让学生实地考察静安区的优秀历史建筑的保护现状，制作调研报告。

4.3 优秀历史建筑的利用和开发

以动画、视频的形式展现上海采用不用模式利用和开发历史建筑的探索历程,如新天地、田子坊等。